河出文庫

哲学の教科書

ドゥルーズ初期

G・ドゥルーズ 編著
加賀野井秀一 訳注

河出書房新社

哲学の教科書　ドゥルーズ初期　目次

制度の分析

制度と有用性

制度の原初的秩序

5　技術、芸術、遊戯

6　本能と知性

7 人間と動物

凡例

『　』原書において引用されている書物などの題名を示す。

「　」原書における引用《　》を示す。ただし、引用文そのものは、それを含む書物の既訳がある場合も含めて、すべて原書のフランス語からの訳を基本とした。

（　）原書における（　）にそのまま対応する。

〈　〉原書でのイタリック体（ギリシャ語、ラテン語を除く）の文字を示す。

〔　〕訳者が補った文章や言葉、数字を示す。

…　原書における…にそのまま対応する。

ただし、文脈上、右の凡例に従っていない場合が若干ある。

哲学の教科書　ドゥルーズ初期

はじめに――ドゥルーズの出発点　若きドゥルーズへの遡行

加賀野井秀一

ドゥルーズの死の二カ月前、『フィロゾフィー』誌は彼の特集を組み、その冒頭に「内在性：一つの生……」[1]と題される、わずか五ページばかりのこの哲学者の論文を掲載した。なるほど、彼の晩年の中心的な概念のいくつかに、驚くべき無頓着さをもって再接近する佳作ではあるものの、編者とともに「きわめて密度の高い哲学的スタイル」と評するには、あまりにも均衡を失しているところから、世間ではこれを、いわゆる哲学的遺書のようなものとして受けとる向きが多かった。

ドゥルーズはこの小論を、唐突に「超越論的領野とは何か」と問うことから始め、全体を「超越論的領野は内在面によって規定され、内在面は生によって規定される」という命題の変奏とした。彼は言う。「超越的なものは超越論的なものではない」。だがそれをフッサール的あるいはカント的な区別と混同してはなるまい。ドゥルーズにとっての超越論的領野とは、たとえば「非‐主観的な意識の純粋な流れ」であり、「前反省的かつ非人称的な意識」であり、「自我のない意識の質的持続」である。これは明らかにサルトルだ。ことほどさように、ドゥルーズ自身も脚注で『自我の超越』をひきあいに出し、「サルトルは、非人称的・絶対的・内在的な意識に帰せられるような、主観のない超越論的領野を提示している。この意識に比べれば、主観や客観は〈超越的なもの〉である」と語っている。ただしこの意識が、サルトルのように、「物へと炸裂する」といった素朴な言い回しにとどまってはおらず、そこに質的持続というベルクソン的な表現が織りこまれていることは指摘しておかねばなるまい。実のところ、サルトルにおいても〈物〉はさほど単純ではありえないが、彼の行論は随所で非人称的意識を失墜させる。まさしく、ドゥルーズが〈内在的〉という表現に固執するゆえんである。

内在はそれ自身の内にのみあり、何らかのものの内にあったり、それに所属していたりすることはない。そして、内在がもはや自分以外のものへの内在でなくなる時にこそ、人は〈内在面〉について語ることができるようになる。『哲学とは何か』以来、寸分変わらぬ論理展開である。[2] というよりも、この小論そのものが『哲学とは何か』の第一部第二章の草稿であっただけのことなのだろう。お望みとあれば、完成稿（？）に即して内在面という考え方を「根源的な経験論」と呼ぶこともできる。この経験論は、主観に内在する体験の流れとか、自我に属するもののなかで個体化される体験の流れといったたぐいのものを提示することはない。それが提示するのは出来事、すなわち概念である限りでの可能的世界だけであり、可能的世界の表現もしくは概念的人物としての他者だけであり、つまるところこれは、〈知覚の現象学〉であるよりもむしろ〈概念の内在学〉

とでも言うべきものとなる。あるいはまた、〈生きられたものの現象学〉ではなく〈生きるものの存在論〉と言っても構うまい。概念は出来事であるが、内在面はそれら出来事の地平である。[3] 世界経験の地平が知覚野であるとすれば、概念創造の地平は内在面となるだろう。したがって、知覚野にあるのは生活であり、内在面にあるのは生であると、さしあたりそう考えてもよさそうだ。それにしても、何と性急な筋の運びであることか。「純粋な内在は、一つの生と呼ばれるであろうし、それ以外にはありえない。内在も生への内在ではない。何ものにも内在しない内在は、それ自体が生なのだ。生は内在の内在であり、絶対的内在であって、完全な力であり至福である」云々。

こうした内在性の立場に、ドゥルーズ自身が望んだような「生気論」の名称を与えて批判したつもりになるのは拙速のそしりをまぬがれまいが、デリダがドゥルーズへの追悼文のなかで、ありえたかもしれぬ彼との対談の主題がこの「内在性」をめぐるものとなったであろうことを記しているのは、たしかに的を射た表明と言えるだろう。[4]

ともあれ、〈生きられたものの現象学〉を排する〈概念の内在学〉は、当然ながら、その実在性のレヴェルが問われることになる。ドゥルーズは躊躇なく、それを潜在性に置くだろう。「生は潜在的なものしか含んではいないのだ」[5]。潜在的《ヴィルチュエル》なものは実在的《レエル》なものには対立せず、ただ現実的《アクチュエル》なものに対立するだけであり、潜在的なものは潜在的である限りにおいて、全き実在性を有している。彼はすでに『差異と反復』で、そう語っていた。[6] 潜在性は、ドゥルーズの炯眼の弟子エリック・アリエーズが早くから指摘してきたように、[7] この師の思索の中核を占めていたものであるし、最近では石頭のアラン・バディウでさえ、これがドゥルーズ解釈の中心概念だということを強調しているほどである。[8]

潜在的なものは、それが現実的なものから区別されると同時に、また、可能的なもの《ポッシーブル》からも区別されねばならない。なぜなら、可能的なものは実在的なものに対立し、したがってそのプロセスは実在化《レアリザシオン》＝実現であるのに反して、潜在的なものは実在的なものに対立せず、そのプロセスは現実化《アクチュアリザシオン》であるからだ。あるいはまた、可能的なものは概念における同一性という形式に帰着するのに反して、潜在的なものは理念における純粋な多様性を示し、この多様性は、先在条件としての同一的なものを徹底して排除することになるからだ。[9] いつに変わらぬドゥルーズの反ヘーゲル的な態度である。可能的なもののその実現への移行など、目的論の反転にすぎない。可能的なものとは事後的にでっちあげられたものであり、実在的なものに似せて、それ以前から存在するかのように捏造されたものである。つまるところ、潜在的なものが多様性としてあるということ、そしてまたそれが、現実化の不可逆的なプロセスをへて現実的なものになることのみが重要なのだ。

ただし、潜在的なものを不定形なカオスのようなものと考えてはなるまい。それは完全に決定されているとドゥルーズは言う。彼は潜在的なものの実在性を「構造」とも呼んでいたはずである。ただし、この構造は、形態とは関わりがなく、全体というものの自律性によっても、プレグナンツによっても、ゲシュタルトによっても明らかにされるものではない。彼はこれを、とりわけ数学的・生物学的な例によって語ることを好んでいた。それによれば、「潜在的なものの実在性は、差異的＝微分的な諸要素と諸関係＝比によって、さらに、それらに対応する諸々の特異点によって成立している」[10]ことになる。つまりはこういうことだ。たとえば、$\frac{dy}{dx} = -\frac{x}{y}$ という式があるとしよう。ここで対応する諸要素は、差異的＝微分的な関係にある。dy は y との関係では決定されず、dx も x との関係では決定されはしない。すなわち、それぞれの項は実際的な存在も値も意味も持ってはいないが、$\frac{dy}{dx}$ の関係は完全に決定されており、両要素もまたその関係のなかでやはり完全に決定されている。潜在的なものの実在性とはそうしたものである。あるいはまた、生物学における胚もしくは遺伝子の発生的・遺伝的な差異的＝微分的作用を考えてみるがいい。そこには十分に決定された構造が潜在している。とりわけ胚の展開は、潜在的なものの現実化には恰好のイメージを持ってもいよう。

　ここにおいてドゥルーズは、潜在的なものにおける本来的な多様性と、その潜在的なものが現実化することによって実際に得られる多様性とをはっきりと分け、それぞれを生みだす作用を見事な対応概念に託して、前者を差異化＝微分化（différen*t*iation）、後者を異化＝分化（différen*c*iation）と名づけ、différen $\frac{t}{c}$ iation と表記した。$\frac{t}{c}$ の関係が、先ほどの $\frac{dy}{dx}$ にも似て、音韻論的な関係＝比となっていることは言うまでもあるまい。付言しておくことがあるとすれば、現実化された諸項は、その諸項が現実化したところの潜在的なものとはいささかも類似していないことである。たとえば、ドゥルーズによれば、持続は潜在的共存であり、空間は現実的共存であるが、したがってまた、潜在的共存は現実的継起ともなるわけであり、それはまさに、現実化された人体が、潜在的な遺伝子との間にいかなる類似性をも持っていないようなものなのだ。とりもなおさず、潜在的なものが可能的なものと異なる所以である。

　以上のような潜在性の問題領域は、すでに一九五六年、三一歳のドゥルーズが『ベルクソン研究誌』に発表した「ベルクソンにおける差異の概念」と、メルロ＝ポンティ監修の大冊『著名な哲学者たち』のために執筆した項目「ベルクソン」とによって、その全射程が描き出されている。[11] 一〇年後に公刊された『ベルクソンの哲学』でさえ、この二論文が切り開いた境地には、加えるべき何物もなかったと言っては言い過ぎになるだろうか。いずれにしても、この一〇年という歳月を隔てながら、「ベルクソン」の冒頭の部分と『ベルクソンの哲学』の末尾の部分とは、あたかも一書の首尾のごとく、見事な照応を示している。

　偉大な哲学者とは新しい諸概念を創り出す人である。それらの概念は、ありきたりの思考の二元性をのりこえて、同時に、事物に新しい真実、新しい配分、並外れた切り分け方を与える。ベルクソンの名は、「持続」「記憶」「エラン・ヴィタル〔生の躍動〕」「直観」の観念に結びつけられてきた。（「ベルクソン」）

われわれは最初に、持続と記憶とエラン・ヴィタルという三つの基本的概念のつながりは何か、それらはベルクソンの哲学のなかでどのように展開されるかという問いを提出しておいた。持続は、本質的には潜在的多様性（本性的に異なるもの）を規定するもののように思われる。そして記憶は、この多様性・潜在性のなかであらゆる差異の程度が共存しているものとして現れてくる。最後にエラン・ヴィタルは、さまざまな程度に対応する異化＝分化の線にそった、この潜在的なものの現実化を示している。

（『ベルクソンの哲学』）

「ベルクソン」の冒頭は、現在からの回顧的な視線によってようやくその恐るべき含蓄が知られるほどに凡庸な構えをとっているが、一九五六年当時、いったい誰が、この四つの概念の過不足のない配置に気づくことができただろうか。「持続」「記憶」「エラン・ヴィタル」は、それぞれが『意識の直接与件に関する試論』『物質と記憶』『創造的進化』にぴたりと対応し、ここに多くは語られていないが、すでに「直観」も、問題の錯綜を切り分けるための、入念に作りあげられた方法としてとらえられている。あえて単純化するならば、持続の潜在的多様性、エラン・ヴィタルによるその現実化という二極を軸に、両者の中間には潜在性のさまざまな程度の収蔵庫のようなものとして記憶が配されていることになる。このようにして、『意識の直接与件に関する試論』における

「すべてを持続の相のもとに」見ようとするベルクソン的困難は、潜在性を直視しようとする際の困難として了解されることになるだろうし、『創造的進化』における進化の推進力は、潜在的なものが現実化する運動として把握されることになるだろう。ただし、『物質と記憶』における記憶の存在様態を理解するのは、さほど一筋縄にいくことではない。そのためにはドゥルーズ自身、「ベルクソンにおける差異の概念」を経由し、潜在性をすっかり差異の観点からとらえ返す必要があった。たとえば彼は、「持続とは潜在的多様性である」という表現を、「持続とは自己に対して差異を生ずるものである」という形に置き換え、ベルクソンの言う「程度の差異」から「本性の差異」に移行し、さらには「差異の本性」へと至る。あるいはまた、ベルクソン的思考のすべての運動が、本性の差異、差異の共存する程度、異化＝分化という三重の形式のもとに『物質と記憶』に集約されていることを明らかにする。[12] そしてついには、それまでのベルクソン読みにおいて調停不可能とさえ思われてきたさまざまな本性の差異の二元論を、弛緩と収縮との一元論によって縦につなぐことになるのである。つまるところ、物質と持続とは弛緩と収縮との二つの極限的水準となり、現在は記憶の最も収縮した状態だということにもなり、とりもなおさずそれが直接的過去であることにもなる。かの有名なベルクソンの逆円錐図式には、その円錐のいかなる切断面にも見合った、あらゆる水準の記憶が収蔵されているわけである。こうして、この論文における「持続」「記憶」「エラン・ヴィタル」の定義は、『ベルクソンの哲学』からの先の引用箇所とは一味ちがい、すべてが差異の用語で書かれることになる。

持続とは自己との差異であり、記憶とは差異のさまざまな程度の共存であり、エラン・ヴィタルとは差異の異化＝分化である。（「ベルクソンにおける差異の概念」）[13]

以上のような内在性、潜在性、生、差異といったもののヴァリエーションが、最晩年の思想から遡及的に見出しうる若きドゥルーズの基本姿勢である。多くの研究者は、フエリックス・ガタリとの共同執筆を行うようになった『アンチ・オイディプス』以降、ドゥルーズの思想には大幅な変化が生じたものとみなし、それを中期思想として区別するが、少なくともこれまでに見てきた基本姿勢は、ねじの回転のような軌跡をとり、その時期をも横切って晩年まで持続していることになる。

では、この二つのベルクソン論に先立つ時期はどうであるのか。これまで一般に知られている限りでは、二つのヒューム論が残されていよう。[14]まさにドゥルーズ二〇代の著作であり、これが本書に訳出した二作品と前後して発表されているわけだが、少なくとも先述した彼の基本姿勢に関しては、萌芽的でありこそすれ、いかなる訂正をも要しない。

ドゥルーズはヒュームの中心的な問いを「いかにして主体は諸観念のコレクションのうちで構成されるのか」あるいは「いかにして主体は所与のうちで構成されるのか」と

いうところに見る。[15]カントであれば、ここに悟性を導入するだろうし、ヘーゲルであれば、それを絶対精神の弁証法的自己展開にゆだねることだろうが、ヒュームは主体を、いわば所与が自己を展開してゆく運動であるとみなしていた、と、ドゥルーズはそう考え、そこに「ベルクソン流の物言いをすれば」とことわりながら、以下のように注釈する。

要するに主体とは、初めのうちは一つの刻印であり、諸原理によって残された一つの印象であるが、その印象を利用することのできる一つの機械へと徐々に変わってゆく印象なのである。[16]

つまるところ、ヒュームにおける刻印は、あらゆる観念を生じさせる出発点のようなものであり、それは、連合原理によって感覚的印象から反省的印象となり、直接情念や間接情念を生み、情念や知性をも生み出すことになる。ドゥルーズに言わせれば、ヒュームにとって「理性とは、精神の感情の一定の契機にすぎず、穏やかな感情あるいはむしろ穏やかにされた感情にすぎない」[17]のである。これはベルクソンのところで見た弛緩と収縮との縦につないだ一元論のようなものだが、横の関係からすれば、感覚的印象と反省的印象との間にも、直接情念と間接情念との間にも、さらには情念と知性との間にも、それぞれ本性の差異の二元論が横たわっていることは言うまでもあるまい。この視点からすればドゥルーズも、ヒューム理論の独創性は「間接情念と直接情念との差異を二元性として提示したところにあり、一方から他方を理解したり派生させたりせずに、そうした二元性そのものを情念一般の研究方法に仕立てあげたところにある」[18]と評価することになるだろう。そもそも、ヒュームの経験論における所与とは、まずは感覚しうるものの流れ、印象とイマージュとのコレクション、知覚の総体といったものであって、同一性もなければ法則もない運動であり変化であった。ところがここにドゥルーズは、「経験論は、異なって独立している限りでの知覚のコレクションや動的な継起の経験から出発する」として〈差異の原理〉を導入し、「経験とは、異なる限りにおいて分離しうる諸観念、また分離しうる限りにおいて異なる諸観念の継起であり運動である」と論を進めてゆく[19]。観念の分割可能性を中心にすえたこのスタイルは、「ベルクソンにおける差異の概念」の完璧な先取りと見ることができるだろうし、さらにこのスタイルの目指す論述内容についてもまた、ドゥルーズ自身がベルクソン論との親近性を語っている。

ヒュームのテクストにこじつけをせずとも、〈習慣—期待〉には、ベルクソン的持続や記憶のほとんどの性格が見いだされる[20]。

彼は、期待とは習慣が行う過去と現在との総合であるというヒュームの立場を、ベルクソンの記憶の現働化に重ねているに違いない。

以上が、この書に訳出した「キリストからブルジョワジーへ」ならびに『本能と制度』が位置する時期へと遡るための、ドゥルーズの思想的コンテクストを示すラフ・スケッチである。二作品に対する具体的な言及は、こうしたコンテクストとの関わりにおいてとらえられなければ、その意味の大半を失ってしまうことだろう。

キリストからブルジョワジーへ

訳者序文「キリストからブルジョワジーへ」のコンテクスト

加賀野井秀一

この小論文は一九四六年、まさしくドゥルーズ二一歳の時の処女作である。掲載されたのは『空間《エスパス》』[21]創刊号。聞き馴れぬ雑誌名だが、それもそのはず、同誌は創刊号をもって打ち止めとなる運命にあった。同じ号には、当時彼の仲間であったミシェル・トゥルニエも「非人格主義」と題する論文を載せている。これがエマニュエル・ムニエの「人格主義」のもじりであることは言うまでもあるまい。前後の事情は、以下のごとく、トゥルニエの『聖霊の風』に詳しい。

私たちすべての人々の上を過ぎていった戦争、占領、一般化した窮乏という最も暗い時期に、私たちは小さなグループを結成したが、そのグループは哲学的なある理念、つまり死刑台へと直結するような危険性をはらんだ、かなり安易であると同時に狭く狂信的な思想を旗印としていた。ジル・ドゥルーズがこのグループの中心人物《アーム》〔âme は同時に魂の意味をもつ〕だったとついうっかり私は書こうとした

> のだが、青年期にあった当時の私たちの動向をいま振り返ってみると、私たちグループの仲間は、このアームという言葉をあざけったり石つぶてを投げつけるほどに嫌っていたのを思い出したので、それをやめることにした。私は忘れていたのだが、私たちの唯一の集団的なデモンストレーションは雑誌『エスパース（空間）』の創刊号の形をとらねばならなかった——この雑誌はその号以後は出なかった——が、この雑誌の責任者はアラン・クレマンでその活動のすべては内的な生の観念に反対する方向へと導かれ、また「風景は魂《アーム》の状態である」という引用句による説明のついたWCの便器の写真に通ずるものでなければならなかった。とはいっても、ジル・ドゥルーズがその色調を与え、私たちの熱情を支えたことに変りはない。〔……〕青年に特有な非妥協的な態度を徹底して推し進めてゆくと、修羅場のような状態がそれにつきまとってくるのがわかる。私たちは科学、宗教、ヒューマニズム、湿っぽい《内的生活》などそういったものの全部を外に投げ捨てるために同じ袋のなかに入れた。私たちの気に入っていた愚言録は「パスカルのパンセ」と呼ばれるものだった。〔……〕うめきながら求めるこの信心で凝り固まった人物のイメージに、笑いながら物を見てゆく形而上学者のイメージを私たちは対置する。
>
> （諸田和治訳）[22]

雑誌についてややつけ加えておくならば、このアラン・クレマンとともにロベール・

クレギュ、ジル・ドゥルーズ、ミシェル・トゥルニエ、J・H・ヴァン・デル・ヴリュットの四人が編集委員として名を連ね、本拠をサン・ラザール駅の裏手、ローマ通り七四番地に置いていたらしい。さらに瑣末なことながら、ここには創刊とあるものの、実はこの雑誌、アンリ・クレという人物の手によって、その前年にフランス南部のクレルモン＝フェランですでに創刊されていたのであり、とりわけ「プロヴァンス地方における文学擁護のための月刊誌」という旗印を掲げつつ、J・T・ドゥザンティ、モーリス・ドリュオン、マックス・ジャコブ、サンゴールらの作品を載せてもいた。このプロヴァンス文学擁護の雑誌が、どうした具合かドゥルーズたちの手にわたってパリに本拠を移し、「忘恩の時代＝思春期《ラージュ・アングラ》」のデモンストレーション雑誌となって新装再刊されるが早いか即刻頓挫するというのは、いささか暗示的なことではあるまいか。

　ともあれ、トゥルニエの回想にぴたりと符合して、ドゥルーズの「キリストからブルジョワジーへ」は、湿っぽい《内的生活》への不信から出発している。技術的な世界は、「ニワトリから臓物を抜きとるようにして」人間から内的生活を抜きとる。革命を内で行うとすれば、それは、外で行わないことの「口実にすぎなくなる」。内的生活は「侮蔑」されているのであり、もはやそれは、「湿っぽさの形」でしか思い描かれない、等々。そんな風に唾棄するかのような口調で論を進め、甘ったれたアミエル像を描き出したサルトルの一節を引用し、「ある種の人々にとっては、新しい信仰が存在するのだろうか」と独り語ちる。いかにも「青年に特有な非妥協的な態度」ではある。ドゥルーズ晩年のサルトルへの肯定的な言及についてはすでに触れておいたが、この先達との出会いは、まさに「爆弾のような」ものであったらしい。彼は後に、そのことをエリボンに語っている。

サルトルは私にとってすべてでした。驚異的な現象でした。フランスがナチの占領下にあった間、精神の領域におけるひとつの存在の仕方だったのです。彼が自分の芝居を占領下で上演させたことを非難する人々は、彼の作品を読んだことがない人たちです。『蠅』の上演は、ヴェルディがオーストリア人の前で自分の作品を演じさせたのに匹敵します。イタリア人ならば誰でもそれを理解し、ブラボーと叫びました。彼等はそれがレジスタンスの行為だったことを知っていたわけです。サルトルの置かれた立場はまったく同じです。

『存在と無』は爆弾のようでした。『蠅』が直接的なレジスタンスの行為だったのと違い、『存在と無』は読むものの心を奪う作品でした。偉大な、新しい思想の著作だったのです。出版された時に読みましたが、何というショックだったでしょう。ミシェル・トゥルニエと一緒に買いにいったこと、一気に読みあげたことを覚えています。サルトルは私たちの世代の人間を捕えてはなしませんでした。彼は小説も戯曲も書きましたから、皆が小説や戯曲を書きたがりました。誰もがまねをしたか、あるいは、嫉妬し、いらだっていました。私個人は彼に魅了されていました。私にとっては、決して失われることのないサルトルの新しさ、永遠の新しさが存在するのです。

このことはベルクソンでも同じです。いつまでも失われることのない新しさをそこに見出すことなしに、偉大な作家を読み取ることは不可能です。今日サルトルあるいはベルクソンが時代遅れのように扱われるとすれば、それはこの二人がその時代に生み出していた新しさを現在の読者が見過ごしているからです。もしも、ある作家の、時代に先駆けた新しさを再認識できなければ、それはその作家が秘める永遠の新しさを感知しそこなうことにもなります。このふたつのことは切っても切り離せないわけです。永久なるものを見失ってしまう、そうなると後はもう模倣者たちの支配です。そしてこの模倣者たちこそが、真っ先に、本家を過去のものとして葬ってしまうのです。

（鈴木秀旦訳）[23]

重要なことは、ここにありきたりのオマージュを見るのではなく、実存主義世代が彼に及ぼした衝撃性と、その新しさと、トゥルニエの証言との見事な符合とを読みとることであり、その衝撃の内実を考えることであり、さらには、鎖につながれた奴隷であっても、ベルクソン流に考えれば内面的には自由を謳歌していることになるではないかと毒づいたサルトルに、当のベルクソンが並置されているという事実のニュアンスに気づくことであるのだろう。トゥルニエも書いていたように、当時彼らの頭にあったのは、

「科学、宗教、ヒューマニズム、湿っぽい《内的生活》などそういったものの全部を外に投げ捨てる」ことだったとすれば、この、内部を外部に向けて開こうと模索している世代に、「物へと炸裂する意識」「無としての対自」がどれほど待望されていたかは容易に想像されもしよう。しかし同時に、このいかにも軽快な意識が、やがて記憶を持ち、歴史の内に現実化されるためには、『弁証法的理性批判』の実践惰性態的重量化の方向をとるか否かはさておくとしても、やがて何らかの投錨は必要となるにちがいない。いずれにしても、すでにこの試みは他の実存主義世代によっても行われていたのであり、たとえばモーリス・メルロ＝ポンティは、ドゥルーズの処女作に先立つこと一〇年にして、サルトル的発想に警鐘を鳴らしている。それも、まさしく後のドゥルーズにとってキー・ポイントとなる、あのベルクソンの『物質と記憶』冒頭部の再解釈をひきあいに出しながら、こう論じていたのである。

J・P・サルトルが出版したばかりのこの『想像力』によって、彼のまわりには必ずや、非常に注意深い読者層ができることだろうが、サルトルが常に公平であると言えばいささか誇張にもなるであろう。たとえば、『物質と記憶』の「イマージュ」にもっと深い意味を見出すこともできるのである。ベルクソンは世界を「イマージュ」の総体として描き出すことによって、「事物」は「意識の諸状態」に解消されてはならないし、われわれに見えているものを超えた実質的実在の内に求められてもならないことを示そうとした[24]。

メルロ＝ポンティのこうした論調は、その後の、高等師範学校《エコール・ノルマル・シュペリユール》で行われた講義「マールブランシュ、ビラン、ベルクソンにおける心身の合一」（四七―四八年）にも、コレージュ・ドゥ・フランスの開講講義「哲学をたたえて」（五三年）にも、さらには「生成するベルクソン像」（五九年）にも一貫して見られるものであり、そうであればこそドゥルーズも、遅ればせながら『ベルクソンの哲学』の目立たぬ脚注において、この先達に密やかな感謝を漏らしているのだろう。

メルロ＝ポンティはベルクソンによる同時性のテーマが、いかにして《共存》の真の哲学を確認するようになるかを見事に示している（『哲学をたたえて』二四頁以下を参照[25]）。

ともあれ、われわれは少し先を急ぎすぎたようだ。「キリストからブルジョワジーへ」には、まだベルクソンの影響は表れていないし、いわんや、メルロ＝ポンティを云々するなど論外と言われる向きもあるだろう。この哲学者のドゥルーズに対する隠然たる影響力についてはまた別の機会にゆずるとして早々に本題にもどる方がよさそうだが、それでもなお一点、ドゥルーズのこの論文が発表される前年にはメルロ＝ポンティの主著

『知覚の現象学』が公刊されているということ、そして、人口に膾炙したその序文に、次のようなくだりのあったことだけは付記しておこう。

真理は単に「内面的人間」のなかだけに「住まう」のではない。むしろ、内面的人間などというものは存在しないのであって、人間はいつも世界内に在り、世界のなかでこそ己れを知るのである。常識の独断論や科学の独断論から離れて私が己れ自身に帰るとき、私がそこに見いだすものは、内在的真理の奥房＝炉床ではなく、世界へと身を挺している主体なのである。[26]

ここでの「内面的人間」は、アウグスティヌスの『告白』の一節「汝のなかへ帰れ。人間の内面にこそ真理は住まう（In te redi; interiore homine habitat veritas）。」からきているのだが、このキリスト教的内面性の立場が、まさしくここでドゥルーズの分析により、「内的生活の内面化」と喝破されることになる。路傍に立って呼びかけたキリストも、つまるところ特定の場所にある社会的・歴史的な世界に身をさらしているのではないとすれば、やはり彼もまた「内部性の外部性」において、あたかもペタン元帥のように語っていたことになるのだろうか。いずれにせよこうした論理の結構は、たとえば『アンチ・オイディプス』における、スミスとリカードがなした生産手段の私有財産化による主観的本質の疎外・対象化・再土地化への言及箇所[27]や、『千のプラトー』における、ポスト・シニフィアン的・主体的・情念的体制がいだくシニフィアン的記号系に対するノスタルジアへの言及箇所[28]などに顕著な形で反復されることになる。

さらにドゥルーズは、このキリスト教的な内と外に、ブルジョワ的な私的生活と国家とを重ねてもみるが、ここで依拠するのはグレトゥイゼンだ。ロシアとオランダの血をひきドイツに生まれたグレトゥイゼンは、ディルタイ学派に身を置き、ドイツ哲学のフランスへの紹介をしながら、やがてはパリに住みつつ、ガリマール書店の編集スタッフをつとめ、まさしくこのドゥルーズの処女論文が公刊された一九四六年に他界することになる。彼は、その著『ブルジョワ精神の起源』において、アナール派を思わせるような文献渉猟のはざまに、一八世紀ブルジョワ・カトリックの日常的な意識を浮かび上がらせる。伝統的なカトリック信仰がブルジョワ的意識の形成に寄与する側面と、このブルジョワ的意識が自己保身のために信仰の仮面をかぶりながらも伝統的なカトリック信仰を空洞化してゆく側面とが、そこにはつぶさに描き出されていた。ここでドゥルーズが直接参照している『フランス文学要覧』所収の「百科全書」の項目は、そのエッセンスを記したものと考えてもいいだろう。伝統的なカトリック信仰は、アウグスティヌス主義から離れてネオ・カトリシズムへと向かう。これはとりもなおさず、アウグスティヌスの「汝のなかへ帰れ」を内的生活の方に偏極させ、それをさらに内部的生活＝屋内生活へと現実化し、ブルジョワジーの密かな愉しみにまで至る動きではなかったか。まさに「〈キリスト教〉と〈ブルジョワジー〉とを結びつけているのは、偶然の絆ではないのである」。

結局のところドゥルーズは、〈自然〉と〈精神〉とのキリスト教的対立、〈私的生活〉と〈国家〉とのブルジョワ的対立に、〈事実〉と〈真実〉との科学的対立を加え、それぞれを相互に関係づける。科学的対立においては私的なものは何もなく、宗教的対立においてはすべてが私的であり、ブルジョワ的対立においては私的なものと非人称的なものとの画然たる対立がある。重要なのはこれに続く部分であろう。「それゆえ、私的主体は国家によって非人称的に規定されることになるだろう。陰画的に、くぼみとして、国家から逃れるものとして、それでも国家に〈統制〉されるものとして規定されるのである。したがって、媒介領域に位置づけられる〈人権〉的な個人は、互いに交換可能なものとなるし、この領域の只中で、形相と質料との対立も見いだされることになる。」内的生活は内的であればあるほど統制され、支配の関係に繰り込まれる。ブルジョワの不正は、国家を試みて自己を確認する行為であり、法を承認する行為であり、いっそう心置きなく社会的・国家的な秩序に同意するための行為となったではないか。キリスト教徒にとっての証し、パスカル（！）の要求していた感性的表示のようなものだったではないか。ここには明確な権力論の萌芽がある。当然ながら、そこに主体と客体との問題がからみ、主観と客観、さらにはここに明示された形相と質料との哲学的対立までが問題になるだろう。

それにしても、実際に内的生活と袂別し、外部へと開かれるためには何が必要なのか。

ここでわれわれは再びサルトルの「物へと炸裂する意識」に戻らねばならないが、権力論における国家の非人称的な規定を受ける私的主体は――言葉の遊びではなく――まさに存在論における非人称的な意識になる必要がある。ただし、単にサルトル的な無としての意識は、世界と歴史との厚みを手に入れるために、かなりの策を弄さねばならないし、物へと炸裂する意識は、ともすると実体化されやすい。サルトルでさえ〈存在=で《エート》ある《ル》〉の動詞の罠に捕らえられていたのであり、この動詞をして接続詞〈〜と《エ》〜〉にこそ置き換えねばならないと指摘したのは、これまたドゥルーズそのひとであった。[29] 彼にとって、一方ではヒュームの経験論から「学びつつある意識」を取り出してくる必要が生じたこと、また他方では、ベルクソン的イマージュ理論で、主客問題を解消し、同時に記憶を歴史性のモデルとする必要が生じたことは、見易い道理であるだろう。さもなければ、カントの場合にならって主客問題はそれ自体が内面化し、主観の側のみの受容的感性と能動的悟性との相互性の問題へと移行し、ひときわ困難の度を加えることにもなってくる。それについては後の『カントの批判哲学』で、つぶさに検討されもするだろう。ともかくもわれわれは、権力論的な視点から、貨幣、資本主義などの言葉とともに『アンチ・オイディプス』への傾向性を見るもよし、主客のはざまをぬって経験論と主体性を語るヒューム論の問題圏を見るもよし、いずれ回顧的に見られた潜在的ドゥルーズの姿がここにはある。

キリストからブルジョワジーへ

――ダヴィ嬢に

ジル・ドゥルーズ

人々は、現代社会における〈精神〉の破産を宣告しながら、唯物論の到来を呪っている。どうやら或る一点において、混乱があるらしい。人々が言いたいのは、今日、大多数の者が、もはや内的生活なるものを信じてはいないということだ。それはもう、何のありがたみも持ってはいない。とはいえ、これは、とりたてて目新しいことでもあるまい。あの貴族たちの一七世紀が、すでに、精神的生活とは身体のことにすぎず、身体との合致にすぎないという考えを、そしてまた逆に、礼節や作法は身体を一つの対象にしてしまうものであるという考えを、ともに経験していたのである。

今日、内的なものが軽んじられるのは、実は、まったく別の理由からである。私はまず、工業的・技術的な世界における革命的な意識のことを考察してみよう。この技術的な世界は、その力が増大すればするほど、さながらニワトリから臓物を抜きとるようにして、人間から内的生活を抜きとり、彼を完全な外面性に還元してしまう。例の〈ハンドルを前〉にたおせば右旋回する、といったたぐいの周知の戯画もあるが、問題はもっと複雑になっているし、エンジン・ボルトが、ともすれば真面目さの象徴になってしまったりもする。では、内的生活の外に精神生活は存在しないのだろうか。労働者が仲間たちとともに働いているような純粋に客観的な世界のなかにも、指導者や先導者の現れることがある。指導者とは、〈ありうべき世界〉を示す者のことであり、そこではたとえば、労働者がもはや経営者のために働かなくなるようなことも生じてくるだろう。ともあれ、そのようにして示された世界は、外面的なところにとどまっており、この世界を生み出した第一の世界におとらず外面的なのだ。したがって、第一の客観的世界は、何らかの内面性に準拠することなく、みずからの内に自己否定の原理を宿していることになる。指導者は、愛情ではなく〈友情〉を与える者、一つのチームの只中で友情を与える者である。友情とあえて言うのも、そのチームは指導者が示したありうべき外部世界を実現するために存在しているからなのだ。お望みとあれば、技術的友情と呼んでもよかろう。技術は、手段から目的への関係だと言われている。しかし、技術がはっきりするにつれて、目的も、おのずとはっきりしてくるものである。そこで、革命的精神はわれわれに一つの目的を提示する。それは、チームのメンバーたちの力量と人数とに応じて実現されるべき目的となっている。ここでは目的が手段を正当化するような道徳が必要になるといった理屈を、あまり性急には叫びたてないようにしよう。それは、外面性の精神を、内的生活の平面に移しかえることにしかなるまい。手段という観念そのものが、もはや意味を持たなくなっているのである。革命は、われわれの内ではなく、外部においてこそ行われねばならない。——もしも、革命を内で行うとすれば、それは、外で行わないことの口実にすぎなくなるだろう。[30] これは、べつに革命的友情というものが、本質的に自己犠牲であることをさまたげるものではないのだが、ただし、ここでの犠牲は、内面的変化を目指したりはしない。その犠牲は、必要とあれば世界を置換するために払われるべき代価なのである。チームは常に、何者かに対し、何事かに対して立ち上がる。われわれは行為の内にある革命について語ろう。

　われわれの問題が、革命的意識の特徴を明らかにすることでもあるならば、これはあまりにも粗雑な描写だと思われかねまい。だが、問題となっているのは別のことなのだ。それに、内的生活が破綻するということは、革命的平面においてのみではなく、もっと個人的な平面、あるいは、さほどすんなりとは外部へと開けていない平面においても起こりえるのである。内的生活は、しばしば、ぶよぶよした大きな花、口泡や腹鳴、汗ばんだ掌、わずかに脱皮した白い幼虫といったイメージをともなうものだが、なぜそのようにしか想起されないのだろうか。こうしたイメージは、すでに擦り切れ始めてさえいる。簡単に言えば、内的生活は侮蔑されているのであり、もはやそれは、湿っぽさの形でしか思い描かれないのだ。「われわれは、アミエルのように、あるいはまた、自分の肩を抱きしめる子供のように、自分たちの内密な生活における愛撫と甘やかしとを求めている。だが、それは空しい。なぜなら、結局のところ、われわれ自身を含めて、すべては外部にあるからだ。外部とは、世界のなかであり、他人たちの間である。われわれが己を知るのは、わけの分からぬ隠遁生活においてではなく、街路で、雑踏の只中で、物のはざまの物として、人のはざまの人として知ることになるのである。[31]」

ある種の人々にとっては、新しい信仰が存在するのだろうか?

たしかに、福音書は部分的に、この外面性の側面を持っている。それは数々の奇跡のことを考えあわせてみるだけでも十分だが、さらには次のような一節もある。「私が平和をもたらしにやって来たと思ってはならない。私は、剣をもたらすために来たのである。己の十字架を負わず、私につき従うことのない者は、私にはふさわしくない。命を後生大事にする者は、それを失うことだろう。[32]」この言葉は一つの外部世界を指し示している。キリストは指導者であり、ありうべき外部世界を示し、われわれに友情を贈る。彼の存在は、人々の心の内部で開花するよりもむしろ、大道、道の曲り角、野原などにおいて、ありうべき世界の唐突な啓示によって現れ出る。私生活にとじこもった人間は、〈神への内的な関係〉を見いだすことができないのだ。しかしながら、これは危険な言葉でもある。キリストはわれわれに外部世界を示すのだが、この外部世界は、特定の場所にある社会的・歴史的な世界ではない。〈それはわれわれ自身の内的生活なのだ。〉福音書のパラドックスは、抽象的な言い方をするならば、内部性の外部性である。

福音書の今日的な意義は、よき知らせであると同様に悪しき知らせでもあり、よき知らせは、悪しき知らせによってしか存在しないのである。キリスト教は〈自然〉と〈精神〉との乖離をもたらした。おそらく、古代ギリシャでも、両者の結びつきはそれほどではなかったという反論もあるだろうが、そんなことはどうでもいい。〈自然〉と〈精神〉との一致は、現代の意識のなかに、ノスタルジーとして存在しているのである。この一致を、ギリシャを参照することによって、つまり、原罪以前の状態に結びつけて説明しようとも、あるいは、精神分析好きが、それを誕生時の心的外傷以前の状態に結びつけて説明しようとも、やはり、たいしたことではあるまい。かつては〈自然〉と〈精神〉との結合があり、この結合が外部世界を作りあげていた。自然は精神であり、精神は自然であった。主観は、せいぜい誤差の係数としてでなければ、介在することはなかった。キリスト教は自然を、罪にさいなまれる身体、あるいは、自然的生命という形で主観化し、他方では、精神を精神的「生命」という形で主観化した。だが、キリスト教的意識は、みずからの内で自然的生命と精神的生命との関係を把握できないほどに破綻してしまっている。したがって、この意識は悲惨にも、身体と精神とのある種の結合をうち立てるために、この結合そのものを内的生活という形で、己の外に外面的に見なければならなくなった。つまり、己の外に、外面的に、自己の内面性を見なければならなくなったのである。これこそが、福音をもたらす〈媒介者〉の必要とされるゆえんなのだ。福音書は内面性の外面性であり、このパラドックスが、主として〈たとえ話〉の考えのなかに表現されているわけである。キリスト教徒は、自己の内に、自然的生命と精神的生命との乖離を感じている。そして、内的生活という形のもとでの二つの生命の結合を、ようやく外部で把握することになる。彼の矛盾した務めは、内的生活を内面化することであり、キリストを内面化することなのだ。

一見したところ、私的生活と国家とのブルジョワ的対立は、〈自然〉と〈精神〉とのキリスト教的対立とはまったく違ったもののように思われる。しかしながら、実はそうではない。ブルジョワは、自然と精神との媒介として、内的生活を内面化するすべを心得ていたのである。〈自然〉は、私的生活となることによって、家族もしくは良き性質〔＝自然〕という形のもとに精神化された。また〈精神〉は、国家となることによって、祖国という形のもとに自然化され、ブルジョワ的自由主義や平和主義ともいささかも抵触することはなかった。これらすべてのことがどのようにして生じたのか、それは後で考察することにしよう。大切なのは、ブルジョワジーというものが、何よりもまず内的生活や主観の優位によって規定されるということである。われわれは、最も簡単で、また最も幼稚でさえある例を援用してみたい。ブルジョワジーの存在は、外的なものが内的秩序に従属し、一つの儀式に従属するようになって以来のことであるが、好んで語られる寓話に、ブルジョワはどんな天候の時にもハードカラーや山高帽なしには外出しない、というのがある。暑さも、もはや半裸体によって〈表現〉されたり、あるいは、少なくとも軽装によって〈表現〉されたりするものではなくなり、ある意味が〈投影〉されるものになる。この意味とは、「しかじかであるにもかかわらず……」というものだ。これが〈秩序〉である。私は書類をそろえ、鉛筆をまっすぐに置く。私は、書きたいと思えば、右腕を少し伸ばすだけでいいということを知っている。秩序は天候にも優越し、ブルジョワは大変な物知りとなる（たとえば、一九世紀の古典的知覚理論がどれほどブルジョワ的であったかを示すのは興味深いことだろう。そこでは、人は自分の知っていることしか知覚せず、あらゆる知覚は一つの解釈である、などとされていたのである）[33]。

ブルジョワジーは本質的に内面化された内的生活であり、つまりは、私的生活と国家との媒介なのである。しかし、この両極端について、ブルジョワジーにも危惧がないわけではない。それが有名な両面の戦いというものだ。彼らの領域は、まさしく中間領域である。〈ロマン主義的な〉性質をおびた、あまりにも個人的な私的生活の行き過ぎは嫌われる。性的な問題に対するブルジョワ的態度は、それを十分に示していよう。だが、彼らはまた、これに劣らず国家にも危惧をいだく。国家は、祖国の危機という外観や口実なしに内的生活のなかに忍びこむ限り、もはや一つの純粋な自然、純粋な力に過ぎなくなってしまうからである。ここでは一八世紀の重農主義者たちのことを想起するだけでよかろう。あるいはまた、一九世紀の社会主義者や、一八四八年の精神であってもかまわない。たとえばルヌーヴィエは、自由な結社を、すなわち「自由に形成された結社のために、国家によって組織された信用」を望み、基本的に保障されるものとして、所有権と利益権とを要求していた。ブルジョワジーの領域は、人間主義の領域であり、穏やかな外観をもった人権の領域である。ブルジョワ的〈人格〉は実体化された媒介なのだ。それは形式的には平等と相互性とによって規定され、物質的には内的生活によって規定されるものである。形式的な平等が物質的に否定されようとも、ブルジョワの目からすれば、そこに矛盾はなく、革命を起こす理由もない。ブルジョワは首尾一貫したままである。ここには、ブルジョワ「チーム」を革命チームに対立させうるすべてのものがそろっている。というのも、革命チームが本当に一つのチームであるとするならば、ブルジョワ・チームは実のところ、一つの契約だからである。

実体化された媒介ということについてはどうか。哲学者たちは、自然と精神とを媒介するものに〈価値〉という名を与えてきた。だがここでは、両極端から隔たったところにある〈媒介＝実体〉が問題となっている。そしてまた、実体化された価値とは〈所有〉ということになる。重農主義者たちは自然について語っていたが、それは所有について語っていたのである。所有権は自然の権利なのだ、と。人間は何者でもない。だが、彼は所有する。諸印象を持ち、それによって獲得する。すべては受容されるのだと、一八世紀はすすんでそう考えた。こうしてブルジョワは、所有欲を持ってはいても、逆に、存在欲に対しては無関心なままであった。ブルジョワは、その器用な目によって、存在欲の内にロマン主義と忘恩の世代との形跡を易々と見てとっている（忘恩の世代は、ブルジョワの気がかりの種である。なぜなら、彼らには家族があり、家族は彼の所有地で生活しているからだ。内的生活から内部的生活〔＝屋内での生活〕までは、ただの一歩であり、ただ一文字の違いしかない）。

私的生活と国家との媒介が成り立つためには、だれ一人として「朕は国家なり」と言えなくなる必要がある。国家が主体としてとどまることは確かだが、それは非人称的主体なのだ。一七八九年以前のブルジョワジーの状況は逆説的であった。彼らは私的生活を持ち、私的生活と国家との媒介を持っていたが、国家というものは存在していなかった。国家は非人称的主体ではなかったのであり、それを設立するためには革命が必要だったのである。しかしながら、このような設立そのものが、また別の媒介の可能性を、つまり〈貨幣〉の媒介の可能性を創設していたのではなかろうか。所有は、もはや地所としてではなく、貨幣としての所有となる。そしてこの新しい媒介は、実体化されることなく、逆に流動的になる。地所においては、（私的生活と国家との）二極は隠されていたが、反対に貨幣は両者を接触させ、それによって国家は拡散し、裕福な私的主体たちの手中に広がり、それらの私的主体たちが権力につくことになる。ここに脅威と危険が由来する。実業ブルジョワジーが地主ブルジョワジーに取ってかわった。これがかの資本主義である。貨幣は己に固有の本質を認めないが、権力を資本主義者たちに与えることによって、また、私的権力の形式を復元することによって、つまりは、その媒介という役割を放棄し、内的かつ内部的な生活への準拠を放棄することによって、確固たるものになる。したがって、共産主義者たちがブルジョワジーを否定し、たとえば、もはや雇用者のいなくなった真に非人称的な権力を望むとしても、それは何よりもまず、ブルジョワジーが自分自身を否定するからにほかならない。したがって当然のことながら、共産主義者たちがブルジョワジーについて語る時には、そしてまた事実、彼らはブルジョワジーについて頻繁に語るのだが、その時には、彼らが何について語っているのか、あまり定かではなくなるのである。

さらに細かい例を挙げてみよう。ブルジョワがおおいに不正をおかすということはよく知られている。とはいえ、脱税などを引きあいに出すにはおよばない。ただ単に、ブルジョワは横断歩道のないところを横断したがり、入口から出たがるという程度のことを考えてみるだけでいいだろう。こうしたすべてのことは一つの意味を持っているのである。ただし、そこでは、二つの極端な仮説は除かれねばならない。一つは、ブルジョワはその方が良いと考えて、入口の上に「出口」という意味を投影したのであろうという仮説であり、もう一つは、入口はその意味を保持しているが、ブルジョワはその〈傍ら〉に挑戦的な行為として出口という意味を置いたのであろうという仮説である。実際のところ、改革や訂正といったものも、反抗といったものもありはしない。事実、合法的な意味は認められているが、「しかじかであるにもかかわらず……」という形に包まれ、そこに組みこまれているのである。入口とは、それにもかかわらず私がそこから出る所のことなのだ。だが一体、このようにしてブルジョワが求めている目的とは何なのか。不正は、戦争とは逆のものだと言うことはできるだろう。国家は私的主体に、家族や結社という形式をとらせ、遠心的な運動をさせておく。しかしながら国家は、戦争によって、この主体を自分のもとに連れ戻し、彼が本質的に私的生活を持たぬ市民であるということを想起させることができる。逆にブルジョワは、精神的な社会〈秩序〉に遠心的な運動をさせてきたのであり、それが彼に入口・出口・横断歩道などの形で外部から示され、つまるところ、自然という姿のもとにはっきりとした相貌をもって戻ってくるのである。したがって不正というものは、非人称的な主体としての国家は「そう遠いところにあるわけではない……」ということを確認するための、ブルジョワの反応でしかないことになる。確認し、安心するため、試してみるため……。不正はまじめに受けとられることがなく、実のところ、だれもが法を承認しているのであり、それを確かめるためのものなのだ。またとりわけ、爾余のことを重要視するためのものであり、いっそう心置きなく社会的・国家的な秩序に同意するためのものであり、さらには、この秩序がまさしく家族の問題であるとともに、それが主体によって投影されたものだということを確認するためのものでもある。ブルジョワが不正を行うとしても、それは自分が自由であるということを確認するためであり、国家とは「その国家に属する個々人」であることを確認するためなのだ。こうして、安心したブルジョワは戦争におもむくわけだが、それというのも、そこには茶化すことのできぬ事柄がひかえているからである。したがって、不正がいかなる意味において、あいかわらず、私的生活と国家との媒介になっているのかが理解されよう。不正とは、キリスト教徒にとっての証し、パスカルが要求していた感性的表示のようなものである。改革でも反抗でもなく、不正は逆に、疑いを廃絶するものなのだ。不正を行うのに劣らずブルジョワは、同じようにして、やたらに〈解釈をほどこす〉。とはいえ、まったく同じやり方ではない。不正は否定的であり、ブルジョワは不正によって国家を自分の方に引きよせる。解釈は肯定的であり、そこにおいて彼は、自分を国家にまで高めてゆく。ブルジョワは秘密、ほのめかし、示唆などへの好みを持っている。「外見を越える」のが好きなのだ。なぜなら、解釈された対象は自己を分割し、あるいはむしろ昇華を行い、自己を超越し、同時に外見が越えられ、これと並行して、解釈を行う主体の方もまた、自己を超越し、昇華を行い、人間を超えた明晰さに達するように思われるからである。ここでは政治的解釈にとどめておこう。ジュール・ロマンの考えによれば、ブルジョワ民主主義の奇跡とは、政治生活をいとなむすべての人々や、「もしも私だったら……」と語るすべての人々が発する無数の馬鹿げた言動から、ついには、その国の首尾一貫した有効な方針が湧きあがり、噴出してくることである。これに対し、A・フランスは「馬鹿げたことがらは、三六〇〇万の口でくり返されても、馬鹿げたことがらでなくなるわけではない」と、社会主義者のビッソーロに語らせていたが、一般的な場合には、明らかに、ロマンの方がフランスよりも理にかなっている。なぜなら、民主主義においては、同じ馬鹿げたことがらがくり返されるのは稀だからである。[34]

ブルジョワジーが内的生活やキリストまでも内面化する限り、彼らはそれを、所有物や金銭や所有行為という形のもとに行う。だが、それらすべてはキリストが嫌っていたものだし、キリストがそれらと戦って存在を変えようとしてきたものである。したがって、あいかわらず続いているのは、内面の外面化としての福音書そのものの逆説だということになる。だが、われわれは早くも、この結論をひき出してしまっていいのだろうか。それというのもわれわれは、〈自然〉と〈精神〉とのキリスト教的対立が、いかにして私的生活と国家とのブルジョワ的対立に変形されるのかということを、いまだ少しも示していないからである。

ブルジョワ的対立に対応して、われわれは解釈について語ってきたが、さらにまた、うわべはまったく別種のように見える宗教的解釈というものもある。この場合には、解釈者は預言者と呼ばれる。キリストは次のように言っていた。「人々はあなた方にこう語ってきた……。だから、私はあなたがたに言う……」「まことに、私はあなた方にそのことを告げる」。最後に、第三の解釈である科学が、新たな対立に応じることになる。今度は、事実と真実との対立である。感性的性質の事実と思考対象の真実、つまり、熱は運動である、といったものがそれにあたっている。

こうしてわれわれは、ここで三つの対立に直面することになる。第一は、現実の感性的対象と思考対象との科学的対立であり、外面的対立である。第二は、罪深い身体的主体と精神的主体との宗教的で内面的な対立である。第三は、私的主体と非人称的主体あるいは国家との政治的対立である。第一の対立においては私的なものは何もなく、第二の対立においてはすべてが私的であるとすれば、第三の対立は、私的なものと非人称的なものとの最も画然とした対立だということになる。それゆえ、私的主体は国家によって非人称的に規定されることになるだろう。陰画的に、くぼみとして、国家から逃れるものとして、それでも国家に〈統制〉されるものとして規定されるのである。したがって、媒介領域に位置づけられる〈人権〉的な個人は、互いに交換可能なものとなるし、この領域の只中で、形相と質料との対立も見いだされることになる。

そのうえ政治的媒介は、それが私的生活・家族・結社・国家といった単線的で漸進的な発展に基礎をおいているだけに、いっそう不安定なものとなる。それは、まるで根拠のないものなのだ。しかしながら、それ以外の解釈も、対応する諸対立をさらに手際よく解消できるわけではない。宗教的対立であれば、悪魔と神との二元性が認められよう。おそらくキリストは、われわれを悪魔から救い出すために人間の姿をとったに違いない。だが、内的生活によるこの救いについては、われわれはこれまで、それが常に自分たちの外側に、外部にあることを見てきた。結局のところ「現実に─真実に」という科学的対立についてもまた、そうした（「うわべでは─実際には」といった類いの）説明のつかぬような二項を声高に叫んでみても無駄であろう。それこそ、まさしくうわべだけのことでしかないのである。

では、どのようにして科学的対立から宗教的対立への移行がなされるのだろうか。マールブランシュ哲学の全体が、この問いへの答えとなっている。なぜなら、この哲学は、偉大さの関係秩序を完璧さの関係秩序に置き換え、他方では、事物の表面的な無秩序を魂の無秩序と罪とに置き換えるからである。

ところでまだ、宗教的対立と政治的対立との同一性を明らかにする作業が残されている。あるいは少なくとも、〈自然的生活―精神的生活〉という対から〈私的生活―国家〉という対への変形を明らかにする作業が残されている。さて、一般には、神のもとでの精神的生活と国家との間には一種の断絶があると思われている。つまりは、精神的なものと時間的なものとの断絶である。カエサルのものはカエサルに返すがよい。宗教的〈真実〉は別の秩序に属している、というわけだ。したがって、人々はこう語ることもできた。「福音書からは決して技術的なものをひき出してはならない。福音書は世界を救うためにもたらされたものではなく、世界からわれわれを救い出すためにもたらされたものなのだ」と。然り。キリストは〈自然〉と〈精神〉との媒介であり、この媒介、このキリストによる啓示は、二項のはざまに位置している。しかし、われわれに示される福音は、世界に向けられたものではなく、世界の一部分にしか向けられてはいない。それは、人間の本性と呼ばれる部分であり、罪にさいなまれている部分である。福音書は、社会的なものがそれ独自の問題を提起するという意味においては、政治的なものにも社会的なものにもたずさわることがない。それは、あらゆるものを罪の可能性に帰し、罪から人間を救う可能性に帰することになる。キリスト教徒の内的生活は、そのすべてが内的精神生活を目指している。この〈きわめて特殊な〉意味においてこそ、キリスト教徒の「無頓着」というものを語ることができるのだ。しかし、ひるがえってみれば、国家は人間を徹底して把握することを望み、人間をまるごと市民に還元することを望んでいる。内的人間に対する国家の権力的な意志と、国家に対して無頓着でいようとする内的人間の意志との間には、対立が生じることになる。やがて国家の迫害も起こってこよう。だが、迫害については、キリスト教徒はそれを安んじて受け入れることになる（彼は殉教者になり、罪の贖いとして苦しみを受け入れることだろう）。

安んじて、などと言っていていいのだろうか。悪事はなされているのである。人は無神論者になることもできるだろうが、それでもあいかわらずキリスト教徒にとどまっていることだろう。われわれにはもはや選択の余地がないのだ。やがて、私的人間と国家とが対置されるようになる。内的で殉教者で無頓着で柔和な人間であることは、まさしく最悪の反抗となり、人々はやがて、怒りっぽく権利に汲々として〈理性〉を援用することにしか関心のない私的人間になってゆく。「今日の人間はすみやかに非人間化する。なぜなら、彼は自分が、国家に対する非理性的で即時的な権利を持っていると考えることをやめてしまうからである。反抗の意味は失われ、昇華させられ、何とも皮肉なことだが、不平となってしまい……不機嫌にひたりこむ。[35]」教会の世俗化が問題となっている。だが、ここでまちがってはならない。この世俗化は二重なのである。すなわち、第一に、キリストによって示されたキリスト教の内的生活は、自然を脱した人間の躍動、〈精神〉へと向かう人間の躍動であった。しかしこの生活は、国家に対する非理性的で即時的な「無頓着さ」を失うまさにその限りにおいて、神のもとでの精神生活への緊張をも失うことになる。そしてこの内的生活は、もはや自己超越をやめてしまうという意味において、キリスト教の謙虚さというものから、この生活に内在していた対立へと移行する。こうしてキリスト教の精神生活は、もはや〈ブルジョワ的自然（＝本性）〉以外の何ものでもなくなるのだ。ともあれ、この新たな自然も、〈精神〉との接触の何らかのものは保持してきた。したがって、われわれは、ブルジョワジーについて語る時に、私的生活という形をとった自然は精神化され、良き自然にされたのだと指摘していたわけだが、今やそのことにも納得がいくにちがいない。それはキリスト教の〈精神〉が自然化されたからなのだ。だがまた第二に、それは空っぽの〈精神〉なのではないのか。かつては精神が占めていながら、やがて捨てさってしまったその場所ではないのだろうか。〈精神〉は、自分自身が無関心であったところの当のものになっている。それは精神が、世界として考えていたものであり、それを罪の可能性へと間接的に帰するためにのみ関心をいだいていたものであり、精神に対して権力を行使してきたものでさえある。こうして〈精神〉は〈国家〉となり、神は非人称的主体となる。したがって、内的人間を市民に還元してしまうための卓越した試みである『社会契約論』において、一般意志は、〈神〉のあらゆる特性をそなえているわけだ。

〈キリスト教〉と〈ブルジョワジー〉とを結びつけているのは、偶然の絆ではないのである。

本能と制度

訳者序文　『本能と制度』のコンテクスト

加賀野井秀一

このアンソロジーは、ジョルジュ・カンギレムの監修の下、クラシック・アシェットの「哲学文献・資料シリーズ」の一冊として構想されたものであり、一九五三年、ドゥルーズ二八歳の時に公刊されている。あのヒューム論『ヒュームあるいは人間的自然』が出版された年である。シリーズの第一巻をカンギレム自身の『欲求と傾向性』が飾り、本書が第二巻となっているところからすれば、当時、ドゥルーズの将来が師カンギレムからいかに嘱望されていたかはおのずから知られようというものだ。このシリーズには、他にも、ダゴニェの『生命科学と文化科学』、ジャン・ブランの『意識と無意識』、パジエスの『言語』などが肩を並べており、大家たちの青春時代を垣間見せている。カンギレムには公教育視学官の肩書が添えられ、ドゥルーズ、ダゴニェ、ブランにはそれぞれ、オルレアン、ディジョン、ロンドンの各高校教師の身分が付記されているが、彼等への、またとりわけドゥルーズへのこの師の影響は一考にあたいしよう。

エコール・ノルマル・シュペリユール（高等師範学校）の入学試験を受けた時のことです。ジョルジュ・カンギレムが私の口頭諮問の試験官でした。彼はいい点数をくれたのですが、それでも他の科目の不足点を補うにはいたらず、私は合格できませんでした。ただ、一級教員資格奨学金なるものを貰えました。その頃の方針は既に地方分権でしたから、奨学金は地方の大学へ行くためでした。高等師範学校文科受験準備クラスの私の教師で、私のことを大変気に入ってくれていたジャン・イポリットが、ストラスブールに来るように言ってくれました。彼はヘーゲルについての博士論文を終えた後、ストラスブールに任命されていたのです。私はストラスブールに引っ越しませんでしたけれど、奨学金を貰うために三カ月に一度出かけていき、カンギレムの授業を受けました。彼は誰も知らない、聞いたことのない作家の話をしてくれました。

ストラスブールに住んでいなかった私は、出かけて行った時を利用してカンギレムによく会いました。彼の周囲には小グループができあがっていましたから、つまりは私もカンギレム・グループの一員だったことになりますね。実際、私の世代に始まり、そのもとに通った者たちにとってカンギレムは大変重要な人物だったわけで、ほとんど全員が彼に育てられたとすら言えるでしょう。（鈴木秀日訳）[36]

影響の内実は定かではないが、例えば、カンギレムが一九四三年にこのストラスブール大学で発表した論文が、「創造的進化・第三章の注釈」と題するベルクソン論であったということ、あるいはまた、一九五五年に公刊されるこの師の著作『十七・十八世紀における反射概念の形成』の研究過程が、あるいは若きドゥルーズにも語られていたのではないかということなど、合わせ考えてみる価値はあるだろう。当時、反射概念の始祖には機械論的思考の頭目デカルトが据えられていたが、カンギレムは、このいかにもまことしやかな世間通念に対し緻密な概念形成史的考察をほどこしつつ、そこにおいて、むしろ生気論者ともいうべきトマス・ウィリス等の方に光をあてた。歴史的正当化あるいは遡及的整合化の罠をあばき出す彼のこの手法が、ドゥルーズによる哲学史の料理法や、その概念尊重の姿勢などを髣髴させると考えるのは、筆者の恣意でしかないのだろうか。

　本訳稿では、全シリーズに共通するカンギレムのあたりさわりのない前書きは割愛したが、その一節で彼はアンドレ・マルローの『想像の美術館』に言及し、大略、アンソロジーというものは個々の断片に、それぞれの作者の意図を超えた意味をも付与するのだというようなことを述べている。これこそまさしく、ドゥルーズの編んだアンソロジーを、われわれがここに改めて訳出する所以でもある。

　原書にして四ページにも満たない序文は、それでも、驚くほどきっぱりとした口調をもって始められる。「本能《アンスタン》と呼ばれるもの、制度《アンスティチュシオン》と呼ばれるもの、これらは本質的には、満足を得るための異なった手段を示している」。これは『ヒュームあるいは人間的自然』の一節「制度は、ありうべき満足のために予めしつらえられた体系である」[37]にも、ぴたりと符合するものだが、それがそのまま、制度と法との差異へと展開されてゆく。「法は、行為の制限だが、制度は、行為の肯定的な規範である。法理論は、肯定的なものを社会的なものの埒外におき（自然法）、社会的なものを否定的なものの内におく（契約的制限）が、これとは逆に、制度理論は、否定的なものを社会的なものの埒外におき（欲求）、社会を本質的に肯定的かつ創意に富むもの（さまざまの独創的な充足手段）として示そうとする」。ここからたとえば、専制とは、多くの法とわずかの制度をもつ政体であり、民主主義とは、多くの制度とわずかの法を持つ政体であるという解釈がなされるわけだが、すでにこの時にして、何とも卓抜な分析ではあるまいか。それだけではない。そこからさらにたたみかけるようにして、たとえ傾向性が制度のなかで充足されることが正しかろうとも、制度が傾向性によって説明されるわけではないという次第を、「否定的なものが肯定的なものを、一般的なものが特殊なものを説明することはない」という形式をもって敷延する。ここにはすでに、社会の全体を欲望の用語によって語り直した『アンチ・オイディプス』の発想も、その後、バディウらがドゥルーズの基本的関心事として把握することになる「肯定に対し、どのようにして意味を与えるか」[38]という主題も、さらには「制度は誰にとって有用であるのか」という権力論的な問いさえも、いささかなりとも欠けてはいない。われわれはそうした発想源のいくつかを、このアンソロジーの内に見いだすことになるのである。

まずは冒頭と第三番目とに、たて続けにマリノフスキーの一節が引かれているのは示唆的であるだろう。このイギリスの機能主義人類学者は、制度を「組織的行為の具体的な独立単位」、もしくは端的に文化の独立単位とし、それが一つの文化全体にどのように組織されているかを示すことが人類学の務めであると考えていた[39]。あるいはまた、文化とは基本的欲求の満足のための装置であり、その装置において、有機的欲求は迂回的な形で達成されるという主張をくり返していた。これが今しがた見たドゥルーズの基本的態度、「本能と呼ばれるもの、制度と呼ばれるもの、これらは本質的には、満足をえるための異なった手段を示している」という表現に、誂え向きの出発点となるであろうことは誰の目にも明らかだ。だが、それ以上に重要なことは、この冒頭の引用文の出典である『未開社会における性と抑圧』と題する著作が、オイディプス・コンプレックスの位置づけをめぐって当時なおも華々しく交わされていた精神分析学者と人類学者との論争に、一石を投じたものであったということだろう。われわれにしてみれば、後のドゥルーズの『アンチ・オイディプス』が取り組む問題の一つもまた、この論争の延長上にあると考えることもできようし、そこでドゥルーズ自身は「マリノフスキーのような試みを再び行う気など毛頭ない[40]」と言っているにもかかわらず、やはりこの著作あたりが、若きドゥルーズをしてオイディプス問題に踏みこませるきっかけになったと想像するのも、さほど不都合とは思えない。

だが、そもそもオイディプス問題とは何なのか。ことの発端はこうだ。マリノフスキーは、メラネシアのトロブリアンド島の人々を調査した際、彼らのもとではいわゆるオイディプス・コンプレックスなるものが認められず、代わりに、オイディプスとは別のこの地に特有のドラマが存在することを発見した。それは、母ではなく姉妹に惹かれ、父ではなく権威を代表する母方の叔父を憎むというドラマである。そこから彼は、オイディプス・コンプレックスを一社会の特殊な体制に結びついた歴史的形成体であると考え、フロイト学派によって普遍的な射程をもつと認められたこのコンプレックスを、本質的にはローマ法とキリスト教道徳とに支えられた家父長制に対応するもの、あるいは、その父系制に支えられた家族類型に対応するものであると主張した。つまりオイディプス・コンプレックスは、われわれの社会構造に結びついた一つの「制度」に過ぎないということになるのである。彼は言う。このコンプレックスに関する精神分析の理論は、当初、社会学的・文化的な背景には触れぬままに、その枠組みがつくられた。精神分析が臨床観察にもとづく治療法として始まったものである以上、これは当然の成り行きというべきだろう。しかしながら、それはやがて神経症の一般的説明に、さらには心的過程一般の理論にまで及び、ついには、身体と精神、社会と文化のほとんどの現象を説明するシステムにまでなってしまった。ここには明らかに拡大適用の問題が潜んでいる、と、そうマリノフスキーは考えたに違いない。これがフロイトの代弁者アーネスト・ジョーンズとの論争をひき起こすのは必定であった。

精神分析医ジョーンズはオイディプス・コンプレックスを、文化、社会組織、それにともなう思考形式などとは無関係に潜在する根源的な現象であると考えており、それはどこにおいても普遍的に見られるものだという理論を信奉している。この立場からすれば、トロブリアンド島民は、父に対する攻撃性を叔父に向け換え、母に対する愛を（母を象徴する）姉妹に向け換えることによって、このコンプレックスを包み隠し、それに対処せんがための仮面をかぶっているということになる。この地では「性交と生殖における父の役割を認めず、それによって、彼に対する憎しみをやわらげ、そらせること」[41]がなされており、そこで母方の叔父が父の身代わりとして登場してくるのである。本来の父は、やさしく寛大な現実の父と、モラルの守護者の役割をつとめる厳格な叔父とに分解する。こうして、父性についての無知と母権制との結合が、父親と息子との争いを防いでいるというジョーンズの結論が下される。「叔父コンプレックスをともなう母系制度は、原初的なオイディプス傾向に対する防御の方法として始まったものである[42]」。

原初的なオイディプス傾向はどんな場所にも潜在している、とジョーンズは言う。彼は、愛されている姉妹は母親の代わりであるに過ぎず、憎まれている叔父は父親の代わりでしかないという理屈をもって、結局、オイディプス・コンプレックスはもう一つのコンプレックスによって覆い隠され、抑圧されているという解釈をとるのである。マリノフスキーの再反論は、ジョーンズの語るこのオイディプス・コンプレックスが無批判な形而上学的実体となっているところを、ただひたすらに衝いてゆく。マリノフスキーからすれば、ジョーンズの立場は反駁しようのないものだ。なぜなら、そこにおいては、徴候がなくとも徴候がある場合と同様に解釈され、否定も肯定と同じ価値を持つからである。精神分析医にとって、徴候がないということは、特に強い抑圧があることを物語るわけだが、これには証明も論駁もできはしない。そもそも先にふれたフロイトの方法論にしたところで、その本領は、われわれ自身の心的発生から借りてきた臨床的諸要素でもって歴史を再構成しようとするところにあったではないか。しかしながら、心的メカニズムの普遍性というものが証明されでもしないかぎり、われわれには、たとえば未開人の儀式を、西洋人の精神分析から得られた情報によって解釈する権利などありはしない。さもなければわれわれは、要請に過ぎないものを証拠として提出していることになるだろう。コンプレックスによるコンプレックスの抑圧などというものは言葉の上だけの解決でしかないと指摘することによって、まさしくマリノフスキーは精神分析的臆見の深部にまで達していたのである。

とはいえ、マリノフスキーの側にも問題がなくはない。彼は、トロブリアンド島民の叔父コンプレックスとでも呼ぶべきものを、オイディプス・コンプレックスと対照をなすものと考えている。しかしそれは厳密に言えば、真のコンプレックスではないし、コンプレックスとして働くこともない。なぜなら、オイディプス・コンプレックスの力動性は、拮抗関係にある三者のそれぞれが他の二者と結びつけられ、三者間のすべての二者関係が第三者に影響を及ぼすところに由来しているからである。トロブリアンド島民のコンプレックスには、こうした力動性はまったくない。姉妹と叔父との二者間には何の結びつきもないし、男子が叔父を嫌うのも、彼が姉妹に愛着を感じているからではない。つまるところ、ここには、互いに無関係な二つの葛藤があるに過ぎないのである。してみればオイディプス・コンプレックスは、たとえ普遍的とも根源的とも言わぬとしても、ある種の特権的なコンプレックスであることに変わりはあるまい。あのおびただしいコンプレックスの製造家であるバシュラールにしたところで、やはりたとえば「プロメテウス・コンプレックスとは、知的生活のオイディプス・コンプレックスにほかならない[43]」などと言わざるをえなかった所以である。

こうしてオイディプス・コンプレックスをめぐる論争は、一方は、ベネディクト、ミード、リントン、カーディナー等のアメリカ文化主義者たち、あるいはライヒ、フロム等のフロイト左派によって、他方は、ローハイム、オルティグ、そしてフロイト派の人々によって連綿と受け継がれてゆく。前者は、このコンプレックスを文化の所産とみなすことにより一種の社会学的因果性をたて、後者は、心的構造が文化の原因であると主張することにより一種の心理学的因果性をたてる。だが、この二つの因果性は切り離しにくくもあるし、互いに干渉しあうものでもある。むしろ因果性の用語では語りえないような精神分析や社会学こそが必要とされているのではないか……。このような推論はドゥルーズのスタイルに沿うものではないにしても、彼が論争の位相をすっかりずらしてしまう理由へのいまひとつの接近にはなるだろう。彼は言う。一切の社会組織をオイディプスの観点から問題とすることは正しい。しかしそれは、オイディプスが無意識の真理だからではなく、逆に、無意識のごまかしだからである。この観点は、ほかならぬオイディプス自体の批判のためにこそあり、その批判は、まさに現代の資本主義社会において、つまりオイディプスが最も強力に機能している場所において、たえずその出発点を取りあげ直し、到達点を見直してゆくものでなければならない、云々。[44]これこそが『アンチ・オイディプス』へと流れる一つの方向であり、やがてドゥルーズは、オイディプスが〈欲望する生産〉や〈リビドーの備給〉に対していかなる操作をほどこし、いかなる歪曲を生じさせるかを暴露してゆくことになる。

このようなコンテクストからするならば、一〇番目のフロイトの引用が『ある幻想の未来』からのものであったり、とりわけ文化論的な傾きを示していたりするのも、当然のように見えてくるにちがいない。引用部分にある超自我による「変身の劇場」は、「キリストからブルジョワジーへ」における内面性と外面性とのドラマにも直結していると同時に、やがて『アンチ・オイディプス』で手がけられる劇場の解体にも繋がってゆくことになる。ドゥルーズはやがて、「精神分析におけるオイディプス・コンプレックスの帝国主義」が興行主となっている〈劇場〉を、「欲望する生産」を行う〈工場〉へと開こうとするだろう。[45]さらにまた、この引用箇所でカンギレムの編んだアンソロジーから孫引きされているフロイトの一節も、その後のドゥルーズの思想展開に即応したものとなっている。ここではまだ性的傾向性と自己保存本能とが対比的に論じられるだけではあるが、そこには「あらゆる傾向性が性欲から生じるわけではない」という仮題も添えられているように、やはりこうした引用でさえ、汎性欲的な解釈を相対化し、全き生の流れとしてのリビドーに着目してゆく契機にならぬものとも限るまい。

その意味では、三七番目のミローからの引用文「オイディプス」が、アトレウスの子孫たちの悲劇を「ペロピダイ王朝を玉座につけておくためにはじき出された、親しく堅固な家系的合意でしかなかった」として、オイディプス神話に別の光をあてていることも忘れてはなるまい。これはすでにして、多少ともオイディプスの相対化には与っているだろうし、三六番目に置かれたバッハオーフェンの一節が、その著『母権制』のまさしく核心部分から引用されていることをも勘案するならば、ドゥルーズは早くから母系社会におけるオイディプスのありかを探っていたのではないかと推測するのも、あながち的外れとは言えなくなってくるだろう。

いずれにもせよドゥルーズは、『アンチ・オイディプス』に至り、ようやくにしてオイディプス・コンプレックスの矮小化傾向を断罪し、そこから「欲望と社会のみが存在し、他の何ものも存在しはしない[46]」という命題へと、ただ一筋に連なってゆく。これは、かつての「本能と呼ばれるもの、制度と呼ばれるもの、これらは本質的には、満足をえるための異なった手段を示している」という命題との間に密やかな照応関係を示しており、それが再びわれわれをして『本能と制度』の基本姿勢へと送り返しもするだろう。ここにおいてわれわれは、ドゥルーズが、後者の命題から前者の命題へと向かう道すがら、あのベルクソンの「弛緩と収縮との縦につないだ一元論」のようなもの、あるいはヒュームの「印象を利用することのできる一つの機械へと変わってゆく印象」のようなものを、社会理論についてもまた手に入れていたことに、遡及的に気づかされることにもなる。ドゥルーズは、人間・機械・社会といった水準において〈本性の差異〉として捉えられる存在を、分子的なスケールからモル的なスケールへという縦につないだ〈程度の差異〉に還元しつつ、そのすべてを一元的な機械状理論に包含し、機械という用語そのものをリビドーの流れの自己組織化の内に解消してしまうのである[47]。

いわゆる人間と機械、もしくは有機体と機械との間の境界線は、両者の差異が際立つようなモル的次元では越えがたい。だがそれも、分子的・微視的な次元で考えられるならば、それぞれの個体性は失われ、相互間には交通や浸透が生じてくるにちがいない。『アンチ・オイディプス』の冒頭からして、いたるところに機械を配し、機械論と生気論とを互いに移行させ合うドゥルーズの戦略は、やがてサミュエル・バトラーの「諸機械の書」を介してその真意が明かされることになるが[48]、これはすでにして『本能と制度』の三九番目に置かれた、同じバトラーからの引用文によって先取りされていたというべきであるだろう。まさしくそこでは、「機械化された《マシネ》」という形容詞が使われながら、ロットシルド家の人々は、太平洋航路客船会社の船室をも身につけた「機械化・脊椎動物」とされているのである[49]。そればかりではない。「われわれは犂やショベルや船の子であり、自由の息子であり」といったバトラー流の物言いは、これがまたそのままに、ドゥルーズの好む「メタモルフォーゼ」としての表現となっており、意味論的構造の外に出ることのない反動的な「メタファー」でないことにも、われわれは同時に注意をはらっておくべきであるのかもしれず、さらに、金持ちと貧乏人との人種類型に関しては、六四番目のバルザック、六五番目のオーリウからの引用文をも加味しながら、やはり権力論の匂いを嗅ぎ取っておくべきなのかもしれない。

　ちなみに、このように有機体と機械との区別をショートさせ、機械を人間の器官にすると同時に、人間をもまた社会という複合機械の部品にしてしまう機械状理論においては、通常言われるような有機体と機械、有機体相互、機械相互の間にも多種多様な親和性が生じるのが理の当然ではあるだろうが、『アンチ・オイディプス』でひき合いに出されるそうしたいくつかの例も、すでにこの『本能と制度』のそこかしこには見事にちりばめられている。とりわけ、前者における「ランの花がその姿をスズメバチから〈ひき出す[50]〉」といったような譬えのたぐいには、二四番目に置かれたボイテンディクの一節にある「花の蜜腺に合わせられたチョウの吻管」が呼応するものであるだろうし、さらに根本的な発想源とも考えられる〈馴致〉という現象を介しての主客未分の依存関係などは、五七番目のエスピナスの一節にも、五九番目のハワードのそれにも、家畜から有害動物に至るまで、つとに詳述されているところである。

　やがて『千のプラトー』では、「われわれが機械状と呼ぶのは、非等質なものを非等質なまま総合することにほかならない[51]」と明確に規定されるように、機械状理論は思いもかけぬものの間を繋ぐプラグよろしく、機械論と生気論とを共に無効にしてしまう。

そうした線で考えてゆくならば、この理論もまた、どうやらあのベルクソンの『創造的進化』の延長上にくるものであることが、やがてわれわれにも首尾よく理解されるに至るだろう。四二番目の引用に見るごとく、有機体と機械とに関わるベルクソンの暫定的な結論は「完全な本能とは、有機的な道具を使い、さらには作成しさえする能力であり、完全な知性とは、非有機的な道具を作成し使用する能力なのである」というところにあった。ここからは言葉の本来の意味における生気論を脱するのは困難であろうし、社会理論にさえ達することはおぼつかない。あるいはまた、五一番目の引用でも「知性はすべての事物に適用されるが、いつもその事物の外側にとどまっており、深い原因に関してても、それが並置された結果のなかに拡散しているところしか、決して見ることはない」とベルクソンは言う。相も変わらぬ直観への希求である。ここからしてドゥルーズは、ベルクソンに背後から近づき、一方では、あの差異の理論に裏打ちされた潜在性と現実化との発想をもって、他方では、この機械状理論の発想をもって、彼の怪物めいた子供をこしらえてしまったのである。[52] 通常、ベルクソン関係の考察から『差異と反復』に至るドゥルーズの歩みと、『アンチ・オイディプス』や『千のプラトー』への歩みとは、大きく異なるものと見られてはいるが、あながちそうとばかりも思えぬ面、いわば『差異と反復』の潜在性が社会理論へと現実化したというべき面も、また別の機会に一貫して考えてみる必要はありそうだ。

いささか根拠にとぼしい詮索ではあるが、『本能と制度』に三箇所引用されているべルクソンがすべて『創造的進化』からのものであるところから見ても、あるいは潜在性と現実化という発想法からしても、ついでに師カンギレムの先に触れた論文からしても、若きドゥルーズにとってのベルクソンへの入口は、筆者には、やはりこの『創造的進化』だったのではないかと思われてならない。

　こうしたところが『本能と制度』をめぐるおおよその問題領域であるが、最後に、なおもアンソロジーに散見されるその他の着目点を列挙しておこう。

　五番目に置かれているヒュームからの引用は、『ヒュームあるいは人間的自然』においても、その後、シャトレ監修の哲学史のために二三年をへだてて書かれた「ヒューム」においても、つねに登場してくる部分である。[53]

　二七番目のアルヴァックス『社会形態学』の一節は、社会と〈物質的大地〉との結びつきを論じ、「社会生活の各機能は、その生活に結びついている諸集団の空間形態によって表現されることになる」と語るところからして、ドゥルーズの、特に『アンチ・オイディプス』第三章あたりの霊感源にちがいない。

　二八番目のサン＝ジュストの文のなかには、「統治機構（une machine à gouvernement)」という形で「機械」の語が用いられている。また、「制度が多ければ多いほど、人々は自由になる」という考えも、市民制度を法に対置するところも、明らかにドゥルーズの序文の制度論と通底するものである。

　二九番目のオーリウの文には、機関《オルガーヌ》＝器官、機関《コール》＝身体などの表現が、身体と社会を結ぶ言葉として用いられている。またここでも、法は制限の原理であるとされている。

五二番目の注からは、この頃すでにドゥルーズがジェームズの『心理学原理』を読んでいたことが分かるし、五六番目の引用からは、博物学者ラセペードあたりまでも渉猟していたことを知らされる。

ともあれ、最後がマルクスの『経済学・哲学草稿』によって締めくくられているのは、ドゥルーズが意図しながら果たせなかった幻のマルクス論ともからめて、開かれた結末とするには絶好の配置であるだろう。当時は、疎外理論を中心にした初期マルクス論の全盛期であり、その点では同書からの引用に何の不思議もありはしないが、たとえば、この書が、マルクスにおいてはヘーゲル法哲学の批判的検討として構想されていたこと、とりわけ、ヘーゲルが欲求と労働の場としていたところを生産の場として把握しなおそうとするものだったことを考え合わせてみるならば、そしてまた、ここに見られる「社会的諸器官」という表現が『アンチ・オイディプス』の機械状理論にきわめて似つかわしいものとなっており、ある意味では『アンチ・オイディプス』そのものが、欲望の用語で書きなおされた『資本論』でもあることを考え合わせてみるならば、やはり思いもかけぬ示唆的な側面が見えてこようというものだ。無論、反ヘーゲルの立場にしたところで、さほど単純なものではありえまい。ドゥルーズのもう一人の師ジャン・イポリットは、キルケゴール流に言えば「理念の殿堂」しか与えてくれないような一八二七年のヘーゲルに対し、戦闘的哲学者としての一八〇七年のヘーゲルを持ち上げていたわけだし、それに先立つこと数年の、かのアレクサンドル・コジェーヴのヘーゲル講義に至っては、『精神現象学』を当時仏訳されたばかりのこの『経済学・哲学草稿』に結びつけ、さらにそこへ『存在と時間』の死の意識をからませてもいたのである。こうしたところに溯り、かつ流れ下り、ドゥルーズのマルクス論を穿鑿《せんさく》する楽しみは尽きるところがない。さまざまに想像は駆けめぐりはしても、まずはこのあたりにとどめておくべきであるだろう。

本能と制度

序

オルレアン高校教諭／ジル・ドゥルーズ

本能《アンスタン》と呼ばれるもの、制度《アンスティチュシオン》と呼ばれるもの、これらは本質的には、満足を得るための異なった手段を示している。あるときには有機体は、その本性に合った外部刺激に反応しながら、外部世界から、自己の傾向性《タンダンス》や欲求《ブソワン》を充足させるためのさまざまな要素をとり出してくる。これらの要素は、動物の種に応じて、それに特有の世界をつくりあげるのだ。また、あるときには主体は、みずからの傾向性と外界との間に、独自の世界を確立〔＝制度化〕することによって、数々の人為的な充足手段をつくりあげる。これらの手段は、有機体を自然状態から解放し、別の事象にしたがわせ、傾向性そのものを、新たな環境にもたらすことによって変形してしまう。まさしく、金銭はそれを手にいれれば、飢えからの救いとなるし、結婚は、相手をさがす手間をはぶき、ほかの仕事ができるようにしてくれる。つまるところ、あらゆる個体的な経験は、その経験のなされる場があらかじめ存在しているということを、アプリオリに前提しており、その場が、種に特有のものであったり、制度的なものであったりするわけである。本能と制度とは、ありうべき満足をめざして組織された二つの形態なのだと言うことができよう。

結婚することによって性欲が、所有することによって渇望が、それぞれ満足をえるように、傾向性が制度の中で充足されるというのは確かなことである。おそらくは、国家というような、いかなる傾向性にも対応しない制度をあげて、これに反論するむきもあるだろうが、しかし、そうした制度は明らかに二次的なものでしかない。それはすでに、制度化した行動を前提にしており、もっぱら社会的で派生的な有用性を援用しているからである。この有用性は、最終的には、みずからが派生してきた当の原理を、社会的なものと諸傾向性との関係のなかに見いだすのだ。制度はつねに、さまざまな手段の組織された一体系として現れてくる。そして、まさしくそこにこそ、制度と法との差異もある。法は、行為の制限だが、制度は、行為の肯定的な規範である。法理論は、肯定的なものを社会的なものの埒外におき（自然法）、社会的なものを否定的なものの内におく（契約的制限）が、これとは逆に、制度理論は、否定的なものを社会的なものの埒外におき（欲求）、社会を本質的に肯定的かつ創意に富むもの（さまざまの独創的な充足手段）として示そうとする。このような理論が、ついには、われわれに政治的基準をもあたえてくれることになるだろう。つまり、専制とは、多くの法とわずかな制度を持つ政体であり、民主主義とは、多くの制度とごくわずかの法を持つ政体である、ということになるわけだ。圧制は、法が、人々を守る前提的な制度に働きかけることをやめ、直接、人々に作用してくる時に現れる。

しかしながら、傾向性が制度のなかで充足されるということは正しいとしても、だからといって、制度が傾向性によって説明されるわけではない。同じ性的欲求が、ありうべきさまざまな結婚形態を説明することは決してあるまいし、否定的なものが肯定的なものを、一般的なものが特殊なものを説明することもないのである。「食欲をそそる欲求」がアペリティフを説明しないのも、そこには、食欲をひきおこす他の数々の仕方があるからだ。残虐さは、いささかも戦争を説明するわけではないが、それでも、戦争の内に最良の手段を見いだしはする。ここにこそ社会というもののパラドックスがある。たとえば、われわれの目の前にさまざまな充足のプロセスがあるとしよう。ここで、充足されつつある傾向性が、そのプロセスを始動させることも決定づけることもないような場合、あるいはまた、種の諸特性がそうしたプロセスを説明することもないような場合、われわれはまさしく、さまざまな制度について語っていることになる。傾向性は、その傾向性に依存することのない多くの手段によって充足される。したがって傾向性は同時に、拘束されていたり、抑圧されていたり、変形されていたり、昇華されていたりするのでなければ、けっして充足されることもありえまい。また、そうであればこそ、神経症も考えられようというものだ。さらになお、欲求が制度の中に見いだすものが、ただ一つのまったく間接的で「遠回しな《オブリック》」満足なのだとすれば、「制度は有用である」と言うだけでは足りず、さらに、制度は誰にとって有用であるのかと問うてみる必要があるだろう。欲求を持つすべての人々にとってなのか。それとも、何人かの人々（特権階級）にとって、あるいは、ただその制度を機能させている人々（官僚）にとってなのだろうか、と。したがって、最も深遠な社会学的問題は、さまざまな傾向性の社会的充足形態が直接に依存しているところの、このもう一つの審級が何であるのかを明らかにすることにある。それは一文明の諸慣習であるのか、生産諸手段であるのか。いずれにしても、人間にとっての有用性というのは、つねに、単なる有用性とは別のものなのだ。制度はわれわれを、さまざまな規範を構成する社会的活動へとさし向けるが、この活動は、われわれにとって意識的なものでもなければ、傾向性や有用性によって説明されるものでもない。有用性などというものは、それが人間にとっての有用性である限り、そうした社会活動をまるで正反対のものとしても捉えさせかねないからである。このような意味において、儀式をとりしきる人物である司祭は、つねに利用者の無意識として存在しているのだ。

では、本能とはどう違うのか。本能においては、美というものを除けば、有用性を越えるものは何もない。傾向性は、制度によって間接的に充足されるものだったが、本能によっては直接的に充足される。本能的なものには、せいぜいのところ嫌悪感があるばかりで、生来の禁止や強制はない。この場合には、しかるべき行動をひき起こすのは、傾向性そのものであり、それが生理学的内部要因という形をとってこれを行うことになる。ただし、おそらく内部要因も、たとえそれが自己同一的なものであってさえ、やはり、異なった種においては異なった行動をひき起こすのだといういきさつを説明するにはいたるまい。したがって本能は、二つの因果性の交差点に、すなわち、個別的な生理学的諸要因の因果性と、種自体の因果性との交差点――ホルモンと種の特性との交差点――に見いだされることになる。それならば、問われるのはもっぱら、本能はどの程度まで単純な個体的関心に帰しうるのか、ということになるだろう。その場合には、結局のところ、反射や、向性や、習慣や、知性について語ることになり、もはや本能について語る必要はなくなるにちがいない。さもなければ本能はまた、種の有用性、種の利益、生物学的な第一目的、といったものの枠内でしか理解されえないのではなかろうか。「誰にとって有用なのか?」というのが、ここで再度出会う問いなのだが、それの意味は変化してしまっている。この問いの二重の様相のもとでは、本能は、ある有機体の中で、種に特有の反応に向けて発せられる傾向性として示されるようになるのである。

本能と制度とに共通の問題は、つねに次のようなものになる。傾向性とその傾向性を満足させる対象との総合《サンテーズ》は、どのようにしてなされるのか。私が飲む水は、実際には、私の生体に不足している水化物とは似ても似つかぬものなのだ。本能がその分野において完璧なものになればなるほど、それは種への帰属を強め、ますます独自の、還元しえない総合力を形成するように見える。だが、それが改善可能なものに、すなわち不完全なものになればなるほど、それだけ変化しやすく不確定なものとなり、ひたすら個体的な内部要因と外部状況との作用に還元されやすくなり、つまるところ、いっそう知性にその場をゆずるようになるのである。とはいえ、それぞれの傾向性にふさわしい対象を与えるこのような総合は、とどのつまり、いかにして知性的になりうるのだろうか。というのも、こうした総合がなされるためには、その総合は、個体が生きることのない時間を含み、個体がそれを越えて生き延びることのないようなさまざまな試みを含んでいなければならないはずだからである。

知性は、個体的な事柄である以上に社会的な事柄であり、社会的なものの内に媒介的な場を、つまり、知性を可能にする第三の場を見いだすのだ、という考えをはっきりと思いおこさねばならない。さまざまな傾向性に対する社会的なものの持つ意味とは何か。それは、状況を、先取り体系の中に統合することであり、内部諸要因を、種というものに取って代わりつつそれら諸要因の現れを統御するような体系の中に統合することである。これこそが制度というものの要件なのだ。寝るからそれが夜になる。正午だから食事をする。そこには社会的傾向性などというものはなく、傾向性を充足させる社会的手段があるだけだ。それらの手段は、社会的であるのだから、独創的なものでもある。あらゆる制度はわれわれの身体に、意図せぬ構造においてさえ、一連の規範を強制し、われわれの知性に、ある種の知識や、予見可能性や、計画可能性といったものを与える。こうして、われわれは以下のような結論を見いだすのである。すなわち、人間は本能を持たず、諸制度をつくりあげる。人間は種から脱皮しつつある動物なのである。したがって、本能は動物の緊急事態を表現し、制度は人間の要求を表現していることになる。逼迫した飢餓でも、人間においては、パンを手に入れる要求となるわけだ。結局のところ、本能と制度との問題は、その最も鋭い点において、動物のさまざまな「社会」の内ではなく、動物と人間との関係の内で把握されることになるだろう。人間の諸要求が動物にかかわり、動物を制度の内に統合する場合（トーテミズムや馴致）にも、あるいは、動物の緊急事態が人間に遭遇し、逃げたり攻撃したり、食べ物や庇護を求めたりする場合にも、それは変わらないのである。

1　制度

傾向性を満足させるための間接的・社会的な手段の体系

制度の分析

1　制度はいかにして傾向性を満足させるか

性的に近づきたいという欲求は、人間においては、文化的な影響力によるものであり、猿たちにおけるように、身体的な変化によってひき起こされるものではない。祭りが若者たちを身体的に近づけてくれるおかげで、また、祭りのかもし出す心理的な雰囲気やほどよい暗示のおかげで、こうした文化的な影響力が作用し、最終的な段階になってから、ようやく生得的な反応が刺激されるのである。もしも生体そのものが、性的反応を起こす生得的な可能性を内蔵しているというのでなければ、いかなる文化的影響力も、そうした反応をひき起こすことができるはずはない。とにかく、ここでわれわれが問題にしているのは、自動的にはたらく生理学的メカニズムではなく、人工的な要素がきわめて重要な役割をになっている実に複雑な装置なのである。したがって、二つの点に注意しなければならない。第一に、人間において大切なのは、同時に心理学的でも生理学的でもあるようなプロセスであり、ある特定のメカニズムを、純粋に生物学的に始動させることなどではないということ。このプロセスの時間的・空間的・形態的なあらわれは、文化的な伝統によって決定されている。また第二に、これには、それを補うもの、あるいはそれを誘導する手段として、タブーの体系が結びつけられており、その体系は、性衝動のあらわれをかなり制限するようになっているということである……。

動物たちに観察されるのは、次々にひき継がれ互いに置き換えられる一連の本能であるが、これに対し、人間の行動は、一つの〈感情〉によってすっかり組織された情動的態度としてあらわれてくる。……人間においては、文化が新たな欲求をつくり上げ、親子が生涯にわたって緊密な関係を持ち続けるというようなことも生じてくる。この欲求を条件づけているのは、一方では、世代から世代へと文化を伝えてゆく必要性であり、他方では、すべてが家族組織をモデルとして考えられるような社会組織の必要性である。家族は、あらゆる血縁関係が変わることなく関わっているような生物学的な集団であり、それが、家系や相続を割りふる配置関係を利用して、この成員の社会的地位を決定する。個人を家族に結びつける絆は、けっしてその重要性を失うことはなく、つねに活発にはたらき続けていることは容易に理解されよう。したがって文化は、動物界に原型をもつことなく、ひたすら人間的な新たな絆をつくり出していくのである……。

目的よりもむしろ、目的を実現する手段に関わるようなさまざまな差異もある。……

文化は人間を、自然から遠ざかる方向に押しやりはしない。自然状態にあるのと同じく、人間はつねに将来の伴侶に言い寄らねばならないし、……あいかわらず女性は身ごもり、男性は彼女を守るためにそばにいなければならないのだ。……しかし、こうしたすべての現象も、人間においては限りない様相を示すことになるのであって、本能的装備が一動物種のすべての個体に課するようなただ一つの固定した型になるのとは違っている。本能の直接的な反応には、伝統の設定する規範がとって代わる。慣習、法、道徳規則、しきたり、宗教的価値などが、愛の、夫婦の、家族の営みのあらゆる局面に介入してくるのである。

マリノフスキー『未開社会における性と抑圧』より

＊Malinowski : *La sexualité et sa répression dans les sociétés primitives*, traduction française de *Sex and repression in savage society*, 1927, éd. Payot, pp. 153-175.〔『未開社会における性と抑圧』阿部年晴・真崎義博訳、社会思想社、一九七二年〕

2　制度の二つの極

のどがかわくのは、飲むことが身体的に欠かせないことであるからだ。しかし、だれかが、ゆきずりの見知らぬ人物に一服の茶をふるまうのは、彼にもてなしの気持を示そうとしているからである。一方は有用な行為、他方は儀礼的な行為となる。

前者は普遍的であり、後者は社会的である……。

有用な行為は、ひとつの連鎖として定義されうるものだ。井戸掘り人夫は、つるはしを使って水を見つけ、庭師は、その水を野菜にやり、料理人は、その野菜を食べられるように調理し、おそらく医者は、その食物になんらかの薬を加えて、病気を予防したり健康を回復したりする。個々の状態は、その状態が決定するところの、次にやってくる状態においてのみ、そしてその決定論の予測においてのみ、存在理由を持つのである。したがって有用な行為は、目的に利害を関わらせ、方法は厳密になる。つまり、それは技術を提示することになるわけだ……。

これに対し、イスラム教徒がモスクに入る前にうやうやしくバブーシュ〔＝アラブ・スリッパ〕を脱ぐ時、彼は自分の身振りからくる身体的な結果のことを気づかっているわけではない。慣習上必要とあらば、彼はまたターバンをとりもするだろう。もはや原因も結果も問われはせず、問題になるのは意味なのだ。身振りはそれ自身の内に目的を持つ。すなわち、人はその身振りに、もはや有効であることなど求めはせず、それが表意的であることを求めるのである。行為は、厳密であることも利害にかかわることもなく、私利私欲のない芸術的なものとなる……。

人間は、自然の決定論の中から、事物に対する己の力を拡張するような道具をとり出し、社会的な拘束の中から、己をさらに深くゆり動かすような儀式をとり出してくる……。

儀式的な行為と有用な行為との区別は、二種類の行為を対置するというよりもむしろ、二つの視点を対置するものである。……こぶしを握りしめるといったような生命的反射は、すぐれて有用なものであると同時に、また、すぐれて表現的なものでもある。最も実務的な身振りでも、少なくとも、潜在的には生きる意志を予想させるものではあるし、最も純粋な詩であっても、声帯をもちいる技術を前提にしてはいるのだ。有用な行為が儀式へと昇華したり、儀式が有用な行為へと収縮したりする時にも、前者においては感性の躍動が延長され、後者においては技術の努力が延長されているだけであって、さもなければ、双方ともに存在しえないことになるだろう。……行為のあらゆる程度に対し、そこにはただ一つの事実しか存在しない。すなわち、モース氏が「全体的事実《フエ・トタル》」と呼ぶところのものである……。

真の問題は、すべての人々が持つ傾向性を、つまり、自分たちがなすことの有用性しか見てはいないが、必要に応じてその有用性を創出してゆくという、この傾向性を説明することなのだ。これによってわれわれは、総合的な事実へと導かれるのであり、私はこれまでの研究を、よろこんで次のような公式に要約して見せよう。すなわち、「感性的な創造に満ちた人間の行為は、本質において儀式的なものであるが、その行為を事物の方へと導いてゆく関心は、きわめて功利的なものである」と。いかなる目的も社会を前提にし、個人はあまたの手段に思いをめぐらせる。……こうしてわれわれは、デュルケームの有力な論証へと帰着し、社会的な思考は個人的な思考に尽きるわけではないということになる。これこそ、社会学に客観的な方法が課せられるゆえんである。旅行者の外部からの観察も、それが系統立ったものでさえあるならば、現地人の内省よりも遠くにまで達するだろうし、また、現地人が〈いかに〉行動するかを記録するだけでは飽き足らず、その行動の理由を現地人になりかわって問おうとする外国の学者の推論よりも、さらに遠くにまで達するのである。

ル・クール『儀式と道具』より

*Le Cœur : *Le rite et l'outil*, 1939, éd. Alcan, pp. 19–44.

ル・クールはモロッコ研究の専門家であり、一九四四年に祖国フランスのために戦死した。

3　制度の主な構成要素

どのような制度も、さまざまな欲求の一体系の上に成り立っており、それらの欲求は、生物学的なものであれ派生的なものであれ、各々の文明においては、特有の教義のなかで手直しされているのである。私は、そのような、制度の基礎となる教義を示すために、〈憲章《シャルト》〉という語を使うよう提案する。……したがって〈憲章〉は、現実的あるいは神話的な一つの歴史と、この歴史に由来するさまざまな理想や、願望や、組織原理や、行動原理などの明言されたリストを包含していることになる。家族の〈憲章〉というものを考えてみれば、それは、性衝動が文化的に置換されたものの内に、その置換が持っている生理学的・情動的・経済的・法的な含みをともなって見いだされるのだ。われわれは母系社会を見てとったり、父権にもとづく社会を見てとったりするが、そこでは、法的地位にも生殖行為の再解釈というものが含意されており、場合によって重点が、母親の寄与に置かれたり、父親の寄与に置かれたりしているのである。……いっそう散文的な制度、すなわち、工場、工房、さらには産業全体などをとりあげてみるならば、われわれは、法律、応用科学、職業的栄誉、そしてある民間伝承の全体、つまり資本主義やマルクス主義といった民間伝承がそっくり、そうした装置のなかに入りこんでいるのを見ることだろう……。

〈憲章〉が、ひとたび集団的な目標として定義されるならば、このような目標はさまざまな活動のうちに表れてくるはずだ。〈構成員《ペルソネル》〉という言葉をとってみれば、それは単に、あるグループのメンバーたちを意味するだけではなく、それぞれのメンバーが、一つのヒエラルキーのなかに位置づけられる仕方や、権限や役割や任務が配分される仕方をも意味しているのである。また、〈規範〉という言葉は、〈憲章〉の中には現れてこないような行動の領域全体を示すことになる。工場のような職業集団においては、〈憲章〉は、事業の特性や組織、作業規定、そして組織や作業や経営陣に関する法規、そういったものを決定するさまざまな規則を含んでいる。さらにまだ、技術的側面、工業心理学的諸問題、給料がどう影響するかという問題、そして収益をねらうその他の刺激因子といった事柄も残されている……。

また一方で、活動中の人々は、つねに〈具体的な機器〉やそれに類したものを操作しなければならない。家族は、家や農場や土地をはじめ、自分たちが消費者集団や生産者集団である限り使用することになるすべてのものを操作し、国家は、領地や軍事力や公金を操作するのである……。

結局、それぞれの集団は、主な欲求を充足するために組織されるのだ。〈憲章〉は、この機能とは決して同一視されるものではないが、それと関わってはいる。制度の〈機能〉というものは、したがって、その制度がそのために組織された、いくばくかの、あるいは、さまざまな欲求を満足させることにある。言い換えれば、制度の機能は、それに見合った活動の諸結果を享受することに等しいのである。

マリノフスキー『自由と文明』より

＊Malinowski : *Freedom and Civilization*, 1947, Allan Wingate, Londres, pp. 157–164.

制度と有用性

4　利用者の実際的な反省

うとしていた。

　私たちは、自分できちんと料金を支払ったかどうかを数回確かめた後で、駅から出ようとしていた。

　カストールは言う。乗客というのはまるで兵卒のようなものだ。なにしろ、規則を暗唱し、命令されたすべての動作をまちがいなく行うことで、頭の中がいっぱいになっているのだからね。一つでも忘れたら、不運にみまわれることになる。規則はこう命じる。注意深く、自分自身で切符に消印を押し、控えをつけ、爪の部分を上にして、それを機械の奥までさしこむように、と。下士官が新兵の一隊を監視している。操作をまちがえた者は呼びとめられ、尋問され、一五分ばかりを無駄にされ、改悛の情を示しても、結局は一〇フラン払わされるはめになる。あらゆる脅しが可能なんだ。すべての統治形態は似かよっているよ……。

　すっかり軍隊式に組織された、この公共輸送会社に敬意を表したまえ。こいつは、一〇〇スーの金を持ちあわせない貧乏な婦人は乗合バスにも乗れないと公言する。これはスキャンダルではあるまいか。いや、それどころか官公庁は、こうした私企業管理の内に、自己の好ましい姿を見てとっている。そこでは、いかにも自然な感じで、奉仕するというよりは奉仕させ、客でもあり主人でもある人々のわずかばかりの過ちをも罰するくせに、自分の側の過ちは決して償わないのだ。ともあれ、幸いなことに、われわれは今や駅の外にいる。しばらくの間は、鉄道の下っぱ従業員であることをやめているわけだし、まだ乗合バスの下層労働者にもなってはいない。

アラン『アラン経済随筆』より

＊Alain : *Propos d'économique*, 1935, N. R. F., pp. 56–57.〔『アラン経済随筆』橋田和道訳、論創社、一九九五年〕

紙幅の関係で、われわれは〈官僚主義〉を歴史的に考察しているテクストを紹介することができなかった。古代社会における官僚主義については、たとえば、ゴドメ氏の「ウティリタス・プブリキ」（『ルヴュ・イストリック・ド・ドロワ・フランセ・エ・エトランジェ』誌一九五一年、第四号）を、現代社会における官僚主義については、ベテルハイム氏の監修で『ルヴュ・アンテルナショナル』誌（一九四七年、第一六号以下）に発表された一連の研究や討議を、それぞれご参照いただきたい。Gaudemet : *Utilitas publici*, *Revue historique de droit français et étranger*, 1951 nº 4. Bettelheim : *Revue Internationale*, 1947 nº 16 et suivants.

5　有用性は制度を定義するのに十分であろうか

所有の安定に関する規則を制度化することは、人間社会にとって単に有用であるばかりではなく、絶対に必要であるのだが、この規則が、そうした一般的な条項にとどまっている限りでは、いかなる目的にも役立つことはできない。……したがって、われわれの次の仕事は、この一般的な規則を手直しして、それを日常の用法や、世間の実際の行為に見合ったものとする理由を見つけ出すことでなければならない。〈特定の〉人物であれ、世間一般であれ、彼らが〈特定の〉財産を享受する場合には、別の人物がこの財産を所有することで享受する以上の有用性や利点を持つわけだが、一般規則を手直しする理由は、あきらかに、そのような有用性や利点から引き出されるものではない……。

所有を決定する規則の大半には、おそらく、公共の利益という動機が存在している。しかし私はなお、それらの規則が、おもに想像によって、つまりわれわれの思考や理解力の最もつまらない特性によって定められたのではないかと疑っている。……ある人物が、ウサギのあとをずっと追跡してきて疲労困憊しているとしよう。この時に、他の人が自分を追いこしていって獲物をつかまえたりすれば、彼は不当だと思うだろう。だが、同じこの人物が、自分の手のとどく範囲にぶらさがっているリンゴをもごうと進みでた時に、もっと機敏な他の人が、彼を尻目にそれを失敬したとしても、不平を言ういかなる理由もあるまい。こうした違いが生じるのはどういう理由によるものか。それは、ウサギが動けなくなるのは自然な状態ではなく、猟師が努力した結果なのであって、それがその猟師への強い関係をつくりあげているのであり、この関係がもう一方の場合には欠けているということにほかならない……。

　ギリシャ人の二つの植民集団が、故国をはなれて新しい居住地を求めていたが、その近くに、住民たちから見すてられた都市があるという知らせが、彼らのもとにもたらされた。両集団はすぐさま二人の使者をおくったが、……彼らは、先に着いた方が同郷の人々にその都市をもたらすことができるので、速さを競いあった。使者の一人は、相手にかなわないことが分かると、その市の門に向かって自分の槍を投げ、首尾よく相手が到着する前にそこに突き立てた。こうして、二つの植民集団の間には、どちらがこの廃市の所有者であるかという論議を呼んでしまったのである。この論議は、相変わらず哲学者たちの間で続けられている。私の考えでは、これに決着をつけることはできないだろう。なぜなら、その問題のすべては、ひとえに想像にかかっており、想像はこの場合、判決をくだしうるための厳密かつ明確な規則を持ってはいないからである……。

　ある人が、他人の所有地の上に自分の家を建てるという場合のように、二人の所有物が、分割も分離もできない形で一つにされており、その際、すべてが両所有者のいずれかに属さねばならないような時には、私は、だれもが当然、それは最も重要な部分を所有する者の方に属していると考えるだろうと思う。……ただ一つの困難は、どの部分を最も重要とすればいいのか、また、どの部分が最も想像を惹きつけると考えればいいのか、ということである。……地上の建築は土地に属している、と民法はいう。文書は紙に、絵は絵具に属すというわけだ。だが、往々にして、こうした決定は互いにくい違うものであり、これこそが、それらの決定に用いられる原理が不備であることの、いい証拠となっている。

ヒューム『人性論』より

＊Hume: *Traité de la Nature humaine*, 1739, Aubier, trad. Leroy, pp. 620–631.〔『人性論』大槻春彦訳、岩波文庫、一九四八年／『人間本性論』木曾好能訳、法政大学出版局、一九九五年／他〕第二パラグラフ以後のテクストは、脚注からの引用である。

6　制度は傾向によっても欲求によっても説明されない

歴史的発展のみが、現在の諸要素の軽重を問い、それらを相互に評価できるようにしてくれる。したがって、ごくわずかの歴史ではあっても（というのも、残念ながらこれが民族学者の宿命であるからだが）、まったく歴史のない状態よりはましなのだ。フランス人の社交生活におけるアペリティフの役割は、外国人にとっては驚くべきものであろうが、もしも、フランスでは加熱濃縮ワインや香辛料入りワインが中世のころから珍重されていたという伝統的価値を知らなければ、このアペリティフの役割を、どれほど正しく評価できるだろうか。現代の服装に、以前の服の形の名残を認めることなく、いかにしてそれを分析できるだろうか。このように考えるのでなければ、それはとりもなおさず、社会的な身体の現在の欲求にこたえる第一次的機能と、その集団が一つの習慣を簡単には捨てられないという理由だけで維持されている第二次的機能との、本質的な区別を行う一切の手段を奪うことになる。なぜなら、社会が機能しているということは自明の理だが、一つの社会においてあらゆるものが機能しているということは馬鹿げているからだ……。

「園芸制度」は「土壌を利用するのに適し、社会水準がその制度の存在を許すほどに高いところでは、あまねく見られるものである」ということが言われたとして、それによって何を学んだことになるのか。あるいはまた、さまざまな形をとり、特殊な分布をしているオセアニア地方のバランス棒のついた丸木舟について、「その特徴は、この地方の文化の物質的・技術的な制限に見合った最大の安定性と航行性と操作性とを備えている」と定義されたところで、何を学んだことになるのか。さらにまた、一般的な社会状態について、風俗・習慣の無限の多様性について、「人間の身体的な欲求……が基本的な命令をくだし、それが社会生活の発展をもたらす」という命題を目の前に置かれても、やはりそれで何を学んだことになるのだろうか。……ある種族が婚前の性的自由を認め、別の種族が純潔を守るという事実を、それらの慣習は婚姻の永続性を保障するという唯一の機能に帰着するものだとして、安易にとりあげてもよいものだろうか。民族学者の関心をひくのは、機能の普遍性というものではない。そんなものはまだまだ確実ではないのだし、この種のあらゆる慣習と、それらの歴史的な展開とを注意深く研究することなしには明確にはならないものだからである。彼らの関心をひくのは、そうした慣習がこれほどにも変わりやすいという事実なのだ。そうだとすれば今や、唯一ではないまでも、第一の目標が差異を分析したり解釈したりすることであるような学問が、もはや類似しか考慮せず、あらゆる問題を厄介ばらいしていることは明らかになる。しかも同時に、この学問は、求めている一般的なものを、月並みなものから区別するいかなる手段をも失ってしまい、その月並みなものに甘んじているのである。

レヴィ＝ストロース「歴史学と民族学」より

＊Lévi-Strauss : *Histoire et ethnologie*, *Revue de Métaphysique et de Morale*, 1949, pp. 376–378.〔「歴史学と民族学」、『構造人類学』（荒川幾男他訳、みすず書房、一九七二年）所収〕

7 制度は本能によっては説明されない

所有というものを定義しようとするならば、それを、占有・稼業・時効・相続・契約などによって得られる帰属関係であると考えれば、うまく解決されるように思われる。しかし、こうしたすべての獲得方法は、原始的な本能によって自然が私たちに教えてくれるのだと、そんな風に考えてもいいのだろうか。相続や契約といった言葉もまた、限りなく錯綜した観念をあらわしており、それらを厳密に定義しようとすれば、百巻の法律書をもってしても、千巻の注釈書をもってしても十分ではあるまい。人間における生来の本能はきわめて単純であるのに、自然が、これほどにも複雑で人為的な主体のすべてを把握していたり、理性的な被造物を創りながら、その理性のはたらきに何物をも委ねないなどというようなことがあるだろうか……。

われわれは法務官や大法官や陪審員について、原始観念を持っているだろうか。それらすべての制度が人間社会の必要性から生まれてきたのだということを、誰か知らぬ者がいるだろうか。同じ種に属しているすべての鳥は、いかなる時代にも、いかなる国でも、同じようなやり方で巣をつくるのであり、そのなかに、われわれは本能の力を見る。ところが人間は、時代や場所が異なると、まるで違った家の造り方をするのである。ここにわれわれは、理性と慣習の影響を見る。同じような推論は、生殖本能と所有制度との比較からも引き出せるに違いない。

ヒューム『道徳原理の研究』より

＊Hume : *Enquête sur les principes de la morale*, 1751, Aubier trad. Leroy, p. 58.〔『道徳原理の研究』渡部峻明訳、哲書房、一九九三年／他〕

8　制度と本能とは反比例の関係にある

深く根づいた人間の本能が、法によって強制されねばならないなどというのは理解しがたいことである。いかなる法も、人間に向かって、食べるように、飲むように、と命じることはないし、手を火のなかに入れないように、と禁止することもない。人々が飲んだり食べたりはするが、手を火のなかに入れないのは、本能的なものであり、自己の本能に反する行動によって受ける自然の懲罰を恐れるからであって、法的なものではない。法が禁じるのは、人々が自己の本能のいくつかを抑圧しながら行える事柄のみなのだ。自然が禁じたり罰したりすることは、法によって禁じたり罰したりする必要はない。したがって、法によって禁じられる罪とは、まさに、多くの人々が自然に犯してしまいがちな罪だということを、われわれは認めるにやぶさかではない。もしも、そうした悪しき傾向というものがなければ、罪というものもないだろうし、罪がなければ、それを禁ずべきいかなる必要があろうか。それゆえ、近親相姦を法的に禁止するということについても、われわれはそこに、この近親相姦への自然な嫌悪があるからだとするのではなく、むしろわれわれを近親相姦へと駆りたてる自然の本能があるからだと結論づけねばならないだろう。法はこの本能を、他の多くの本能と同様に糾弾しているが、それというのも、文明化された人間は、それらの本能を満足させることが、社会的な観点からすれば有害であるということに気づいてきたからである。

フレイザー『トーテミズムと外婚制』より

＊Frazer : *Totemism and exogamy*, 1910, Macmillan, Londres, t. IV, p. 97.

制度の原初的秩序

9 道徳秩序

一方の、〈道徳的〉目的を達成しようとする人類の努力と、他方の、粗野で動物的な状態を目指して生来そなわった法則に柔順に従うことと、この両者間の矛盾について、私はいくつかの例のみを挙げておこう。成熟の時期、つまり、種族を生み出す性向や能力のある時期は、自然によって一六歳から一七歳に定められているが、この年齢は、若者が自然の素朴なままの状態でも、文字どおり大人になる年齢である。なぜなら、この時期にこそ、己を養い、種族を生み出し、種族の欲求や妻の欲求に応える能力を持つことになるからだ。欲求は単純なものだから、彼はこの任務をやすやすと果たしてしまう。これに反し、文明化された状態では、その任務には術策や要領や好ましい外部事情などが必要となり、したがって成熟の時期は、少なくとも市民としては、平均して一〇年ほど遅くなるのである。しかしながら自然は、その成熟点を、社会の洗練に向かう進歩にあわせて変更することはなく、動物種としての人間を保存するためにたてた法則を、執拗に守っている。そこからすれば、自然の目的が風習によって、また風習が自然の目的によって、阻害されることは避けられない。なぜなら人間は、本能と、自分の種族を生み出す能力とを持ち、したがって、自然の呼び声に応じることはできるのに、（社会的な状態における）その年頃では、わが身のことさえままならず、いわんや自分の種族を養うことなどできはしないのだから、社会的人間（といっても、自然的な人間でなくなるわけではないが）としてみれば、まだまだ青二才でしかなく、それどころか子供でしかないということもできるからである。まさしく自然は、本能や能力を被造物たちに与えたが、それは彼らにそうした力を押さえこんだりねじ伏せたりするために与えたわけではないのである。すなわち、そうした自然の傾向は、道徳的な状態を目指して与えられたものではなく、ひとえに動物種としての種族の維持を目的としているのだから、文明化した状態は、必然的にこうした傾向と衝突することになる。両者間のへだたりは現在のところ、およそ、あらゆる形の人間的悲惨をもたらすさまざまな悪徳によって埋められているのだから、この衝突は、完全な市民的体制（文明の至高の目的）のみが解決できるものなのだろう……。

カント「人間歴史の起源についての憶測」より

＊Kant: *Conjectures sur les débuts de l'histoire humaine*, 1786, trad. dans《*La Philosophie de l'histoire*》, éd. Aubier, p. 163.〔「人間歴史の起源についての憶測」、『カント全集14』（望月俊孝他訳、岩波書店、二〇〇〇年）所収〕

10 強制的秩序

奇妙なことに人間は、孤立した生活のむずかしさは先刻承知でありながら、そのくせ、共同生活を営むために文明のなかで要求されるさまざまな犠牲については、これをひどい重圧のように感じてしまうのだ。したがって、文明は個人に対して擁護されねばならず、文明の持つ組織・制度・法などが、そうした目的に奉仕するのである。……決定的な問いとは、次のようなものだ。すなわち、本能を犠牲にすべく人々に課されている重圧を軽減し、それでもなお残らざるをえない犠牲を人々に納得させ、彼らに犠牲の代償を与えるのに、果たしてわれわれは成功するかどうか。また、成功するとして、どの程度までなのかということである……。

用語を統一するために、われわれは、本能が充足されない事態を〈欲求不満《フリュストラシオン》〉、この欲求不満をひき起こす機縁となったものを〈禁止《アンテルディクシオン》〉、そして、この禁止が生みだす状態のことを〈欠乏《プリヴァシオン》〉と呼ぼう。ただし、すべての人々にかかわる欠乏と、特定の集団や階級、さらには特定の個人にのみ関わる欠乏とは区別しなければならない。前者は最も古くからのものである。……こうした欠乏に苦しむ本能的な欲望は、一人一人の子供とともに新たに生まれ続けているし、ごく初歩的な欠乏に対してさえ、早くも反社会的に応じるような一群の人々、すなわち神経症患者も存在している。これら本能的な欲望には、近親相姦、食人、殺人などの欲望がある……。

　外部からの強制がしだいに内面化されていくのは、われわれの発展に呼応した事柄になっている。つまり、特別な心的審級である〈超自我〉が、その強制を肩代わりするのである。われわれの子供たちは、皆がまたそれぞれに、この変身の劇場となっている。こうした変身のおかげで、はじめて子供は、道徳的・社会的な存在になるわけだ。この超自我の強化は、文化にとっては心理的文化財として高く評価されるべきものであり、こうして超自我が強化された人間は、文化の敵対者からその担い手へと移行する……。

　ここで、一定の社会階層にしか関わらない制約について考えてみるならば、事態は、いたって簡単かつ明瞭である。……一文明の中では、その文明にあずかる一握りの人々の満足が、必然的に他の人々を、それもおそらくは過半数の人々を抑圧することになったりするものであり、またそれが現在のあらゆる文明にあてはまる事柄でもあるのだが、それならば、文明がこうした段階を越えられないでいる時には、虐げられている人々の只中で、強い敵意が増大していくのは見やすい道理であるだろう。

フロイト『ある幻想の未来』より

＊Freud: *L'Avenir d'une illusion*, 1927, Presses universitaires de France, trad. Marie Bonaparte, pp. 13-30.〔「ある幻想の未来」、『フロイト著作集3』（高橋義孝他訳、人文書院、一九六九年）所収〕

傾向性と本能とについてのフロイトの考え方は、カンギレム氏の編んだ『欲求と傾向性』(Georges Canguilhem : *besoins & tendances*)の三九項を参照のこと。

訳注　カンギレムの『欲求と傾向性』の同箇所には、次のようなフロイトの文章が引用されている。

あらゆる傾向性が性欲から生じるわけではない

精神分析があれこれの心的出来事を性的傾向性の産物として考えようとするたびに、人々は憤慨して、人間は性欲だけからできているわけではないし、心的生活のなかには、本来が性的ではないような別の傾向性や関心もあり、「すべてのもの」を性欲から派生させるのはけしからん等々の反論が寄せられたものだった。そんなわけで、例外的に精神分析の反対者たちと意見の一致をみるようなことがあれば、私にとって励みになること、この上なしである。精神分析は、性的でない傾向性が存在することを決して忘れてはいない。精神分析はその全体系を、性的傾向性と〈自我〉に関わる傾向性との明確な区別にもとづいた原理の上に打ち建てているのであり、反論を待たずとも、神経症は性欲の産物ではなく、〈自我〉と性欲との葛藤の産物であるということを主張してきたのである……。

性的傾向性と自己保存本能とは、現実の必要性に対し、同じようには機能しない。このことは注目にあたいしよう。自己保存を目的とする本能と、それに関わるすべてのものは、はるかに教育しやすい。それらは早くから必要性に従うことを学び、現実の指示に合わせて発展することを学ぶのだが、これは当然のことであろう。それらは、必要としている対象を、他の手段では手に入れられないからだ。この対象なしには、個体も死んでしまう危険がある。ところが性的傾向性の方は、初めから対象を必要とせず、そうした欲求をも知らないので、格段に教育しにくい。それは、身体の他の器官に付着して寄生的ともいうべき生活を送り、自分の身体を越えることなく自己性愛的な満足を見いだすことができる。したがって性的傾向性は、現実の必要性がもたらす教育的影響をまぬがれることになり、ほとんどの人々においてそうした傾向性は、生涯にわたり、ある点から見ると、恣意的で気まぐれで反抗的で「謎めいた」性格を持ち続けることになる。これに加えて、若者も、性的欲求が決定的な強さに達する時期には、教育できる存在ではなくなってしまうのである。……

性的傾向性というものは、発達の初めから終わりまで、快感の獲得手段となっており、衰えることもなくその機能を満たしている。これはまた、当初は〈自我〉の傾向性の目標にもなっている。だが、必要性という大いなる教育の圧力のもと、〈自我〉の傾向性は、すみやかに快感原則を一つの変形物に置き換えてしまう。この傾向性には、快感を獲得するという緊急事と同様に、苦痛を遠ざけるという緊急事が課せられることになる。〈自我〉は、即時的な満足をあきらめ、快感の獲得を延期し、ある種の不快に耐え、総じて、いくつかの快感源を断念するのが必要不可欠であることを学ぶのである。このように教育された〈自我〉は「理性的」になり、もはや快感原則に支配されることもなく、〈現実原則〉に従うようになる。現実原則もまた、結局のところ快感を目指してはいるのだが、この快感が延期され和らげられれば、現実との接触がもたらす確かさや、現実の要求への適合といったものを与えてくれる利点を持つのである。快感原則から現実原則への移行は、〈自我〉の発達における最も重要な進歩の一つになっている。すでにわれわれは、性的傾向性が、〈自我〉の発達のこの局面を、不可避のもの、強制的なものとして、ようやく遅ればせに乗り越えたのを知っている。したがって、今後われわれは、人間の性欲と外部現実との間があまり緊密に結びついていないことから、人間にとっていかなる結果が生じてくるかを見てみよう。

フロイト『精神分析入門』より

＊Freud: *Introduction à la Psychanalyse*, 1916–17, trad. fr. par le docteur Jankélévitch, p. 377 et 382–84.〔『精神分析学入門』懸田克躬訳、中公クラシックス、二〇〇一年／『精神分析入門』高橋義孝・下坂幸三訳、新潮文庫、一九七七年／他〕

11　儀式的秩序

栄養摂取は単なる生理学的な働きではなく、それは神との交わりを更新するものである。結婚や集団的な乱痴気騒ぎは、神話的原型に送り返される。それらは、神々や「祖先」や英雄たちによって、その起源において（「当初より」ab origine）神聖なものとされていたのだから、人々はこれをくり返すのである。

「未開人」、古代人といわれる人々は、意識的な行動の細部においては、それ以前に、ある他者、人間ではないある他者によって為され、経験された行為でなければ、容認しない。彼が為すことは、すでに為されてきたことなのだ。……身振りは、それが原初の行為をくり返すことによってのみ、意味や〈実在性〉をもつ……。

天上のエルサレムは、エルサレムの町が人間の手で建てられる以前に、神によって創造されていた。……あらゆるインドの王都は、近代のものにいたるまで、かつての黄金時代に（その時に in illo tempore）万物の主が住んでいた天上の都という神話的モデルに則って建設されている……。

したがって、そのなかに人間の存在と活動とが感じられるような、われわれを取り巻いている世界、すなわち、人の登る山、人が住み耕作する土地、航行できる川、町、神殿などは、地上のものならぬ祖型を持っているわけで、ある時にはそれは、「設計図」

や「形式」として考えられたり、またある時には、まさしく高次の宇宙的レベルに位置する「複製」なのだと、単純に考えられたりするのである。だが、「われわれを取り巻いている世界」のすべてが、この種の原型を持っているというわけではない。たとえば、怪物たちの住んでいる砂漠地帯や、未開地や、いかなる航海者たちも敢えて危険をおかそうとしないような未知の海などは、バビロンの町や古代エジプトの〈地方領《ノーム》〉と同様、区別された原型を持つ特権にあずかってはいないのだ。それらも神話的なモデルに対応してはいるのだが、また違った性質のものである。これらすべての野生で、未開で、云々といった地帯は、カオスと見なされる。それらはなお、創造以前の、未分化で形の定まらぬ状態を分かち持っているのである。こうした次第で、そのような地域を所有する際には、つまり、そのような地域を開発し始める際には、人々は、〈創造行為を象徴的に反復するような儀式をとり行うことになる〉。耕作されていない地区は、まずもって「宇宙化」され、その後に住まわれるのである。……さしあたり強調しておきたいのは、われわれをとり巻き、人間の手によって文明化されている世界は、それがモデルとする超地上的な原型に由来する有効性以外の有効性を受けとることはない、ということである。人間は祖型にならって建造する。都市や神殿ばかりが天上的なモデルを持つのではなく、人間の住むあらゆる地域もまた、その地域をうるおす河川や、食物をもたらす田園を含め、すべてがそうしたモデルを持っているのである。

エリアーデ『永遠回帰の神話』より

＊Eliade: *Le Mythe de l'Eternel Retour*, 1949, N. R. F., pp. 18-27.〔『永遠回帰の神話』堀一郎訳、未來社、一九六三年〕

エリアーデ氏はルーマニア出身の哲学者であり、宗教史家でもある。

12　無意識的秩序

一例を挙げよう。未開社会の狩人たちが、一匹の獲物、たとえば象を追いかけているとする。彼らはそのために集まり、自分たちの力を一つの秩序の内に配置することになる。この時、〈目的〉はどこにあり、また、その目的を達成する手段はどこにあるのだろうか。目的は、まぎれもなく、象を捕えたり殺したりすることであり、手段は、全力を結集して、この動物を追うことにある。目的は何によって示されるか。それは、〈人間身体の必要性〉によって示される。では、手段は何によって決定されるのか。それは、〈狩りの条件〉によって決定されるのである。身体の必要性というものは、人間に依存していたり、人間の意志に依存していたりするのだろうか。いや、依存してはいないし、そのうえ、この問題は〈社会学〉ではなく〈生理学〉の管轄に属しているのである。ではここで、われわれは社会学に何を要求することができるか。それは、いかなる理由によって人間は、自分たちの必要を満足させようとしながら、あれこれの関係を結んだり、またそれとはまったく違った関係を結んだりするのか、ということの説明である。〈この事実について〉社会学は、マルクスとともに、〈生産力の状態によって説明する〉。では、そうした生産力の状態は、人間の意志や人間の追求する〈目的〉に依存しているのだろうか。……いや、そうではない。それらの生産力は、人間の外部で与えられ位置づけられた、さまざまの条件によって規定される一種の必然性により生じてくるのである。
この結果はどうなるのか。たとえ狩猟が、未開人の追求する目的に〈かなった活動〉であるとしても、その明らかな事実さえ、マルクスの以下のような思想の価値をいささかも損なうことはない。つまり、〈狩猟にたずさわる未開人たちの間にできている生産関係は、追求される目的にかなった活動からは完全に独立した〉条件によって成立するという思想である。言い換えれば、もしも未開社会の狩人が、できる限り多くの獲物を殺そうと意識的に望んだとしても、まだ、この狩人のおくる生活に見合った共産主義が、〈彼の活動の目的にかなった産物〉として発生したということにはならないのだ。否、共産主義は、人間の意志からは完全に独立した性格を持つ労働組織の〈無意識的な〉、すなわち〈必然的な〉結果として生まれたのであり、――それがずっと以前から成立していたことを鑑みて――さらに厳密に言うならば、そのような結果として存続してきたのである……。

周知のごとく、歴史は人間によってつくられる。したがって、人間の希求というものも歴史の運動の一因とならずにはいられない。だが、歴史は人間によって、一定の必然性の結果として、ある特定の仕方でつくられるのであり、別の仕方でつくられることはない。この必然性がひとたび与えられると、人間の希求というものも、なるほど社会発展の一要因でありはするが、やはり結果として与えられることになるのである。そうした希求は必然性を排するのではなく、それ自体が必然性によって決定されるものなのだ。

つまるところ、まさにこの必然性に希求を対置するのは、はなはだしい論理の誤りということになる。……社会学が科学となるのは、ひとえにそれが、社会的人間におけるさまざまな目的の出現（社会的「目的論」）を、最終段階では経済的発展の歩みによって条件づけられている社会的プロセスの必然的結果として理解するにいたる時なのである。

プレハーノフ『マルクス主義の根本問題』より

＊Plekhanov: *Questions fondamentales du Marxisme*, 1908, éd. sociales, pp. 84-87.〔『マルクス主義の根本問題』鷲田小彌太訳、福村出版、一九七四年／他〕
プレハーノフはロシア・マルクス主義の創始者の一人である。

13　諸制度の政治的な究極目的　安全か自由か

一個人であることと、一市民であることとは、二つの異なった事柄だ。前者は、法にのみ従っていれば、あとは安心していられるが、後者は、まさに市民として、また少なくとも、その町の代表者としてこそ法に従い、意見を求められることになる。自由の第一の形においては、市民は「権力の濫用」から保護されていさえすればよいが、第二の形においては、投票し、自分たちの代表者を選出しながら、自分なりに時局のなりゆきを決めていかねばならない。モンテスキューが考えているような節度ある国家の市民たちが享受する自由は、いわば消極的なものであり、抑圧されないということである。共和主義者たちがひきあいに出すのは、逆に積極的な自由であり、それは、自分たちが従っている法に対し、何らかの立場をとろうとする市民の意識の上に成立している。これは意志の自由であり、安全の自由とは混同されるべくもないものだろう……。

一七八九年の革命家が相対的な自由を望むことはあるまい。巧みに策を弄し、それによってようやく権力からの侵害をまぬがれるといった、そんな術策からの間接的な結果でしかないような自由を望みはしないだろう。彼は、自由が政府によって認められることを望んでいる。自由を、偶然のたまものとして受けとりたくはないし、権力が諸般の事情からやむなくとった譲歩として受けとりたくもないのである。……彼は、自由への権利が政治機構の基礎となることを望むだろう。自由な状態に〈置かれた〉だけでは十分ではあるまい。彼は、自由への権利、故国の歩みに参加するような積極的な自由への権利を標榜する。……自由は諸原則に基づくべきであり、既成の秩序から生じてはならないのである。

グレトゥイゼン「モンテスキューの自由主義と共和主義者たちの理解する自由」より

＊Grœthuysen : *Le libéralisme de Montesquieu et la liberté telle que l'entendent les républicains*, *Revue Europe*, Janvier 1949, pp. 4–16.

2　本能　傾向性を満足させるための直接的で種に特有な手段の体系

本能の分析

14　本能とは、種の役に立つ観念的＝運動的行為であるのか

多くの動物は、それぞれに異なった能力をそなえている。それは〈本能〉と呼ばれるものだ。この能力は、動物たちに、種の保存に必要な特定の行為をとらせるが、その行為はしばしば、個体のあからさまな欲求とはまるで無縁のものであったり、非常に複雑なものであったりもする。これが知性に帰せられるためには、その行為をなす種に一般に認められる知性を、はるかに越えた予見力や認識力が前提されねばなるまい。本能から生じるこうした行為は、模倣によるものでもない。なぜなら、そのように行為する個体は、しばしば、他の個体がそうしているところを一度も見たことがないままに、それを行うからである。また、こうした行為は、通常の知性とはまったく比較されえないものであり、動物たちの所属するクラスが低次のものとなるにつれ、いっそう特異なもの、

いっそう巧みなもの、いっそう私欲をはなれたものとなり、他の動物から見れば、いっそう無意味なものとなってゆく。このような行為は、あらゆる個体がそれをいささかも改善せずに実行しうるほど、ぴたりとその種の特性になりきっているのである。……これらの動物は、その感官のなかに生得的・恒常的なイメージや感覚を持っており、それが彼らを、日常的あるいは偶発的な感覚が等しく決定しているような形で行動させるのだ、ということを認めるならば、ここで初めて、われわれは本能についての明確な見解を得ることができるだろう。彼らに常につきまとっているのは、一種の夢、あるいは幻影のようなものなのだ。そして、彼らの本能に関わる事柄においては、われわれは彼らを夢遊病者のようなものとみなすことができるだろう。

G・キュヴィエ『動物界』より

*G. Cuvier: *Le Règne animal*, 1817, Déterville, t. I, pp. 53–54.

15〔無題〕

さまざまな狩猟バチの幼虫には、動かない餌食が必要だ。この餌食が防御運動をすると、こわれやすい卵や、餌食の体の一点にとりついている小虫が危険にさらされるからである。そのうえ、この動かない餌食は、動かないながらも生きていなければならない。幼虫は、死んだものを食物としては受けつけないからだ。……私は、不動性と生命という、これら二つの相互に矛盾する条件を強調してきた。……そして私は、ハチたちが、運動をおさえるとともに生体の生命力を損なうことのない麻痺という手段を用いて、どのようにその二条件を可能にしているかということを示してきた。最も高名な生体解剖医もうらやむほどの巧みさをもって、この昆虫は、毒針で筋刺激のみなもとである神経中枢を傷つけるのである。神経器官の構造、すなわち、神経節の数や集中度にしたがい、手術医は、一撃にとどめておいたり、二度三度あるいはそれ以上にわたって小型メスを閃かすこともある。生贄の正確な解剖学が毒針を導くのである。刺をもったジガバチは毛虫を獲物にし、それの異なった体節を一つずつ処理していくのだが、それというのも、この毛虫の神経中枢は分散し、ある程度まで独立して動きもするからだ。……専門の生理学者が命じそうなことを、ジガバチは成し遂げる。彼は毒針を、体節から体節へと九回にわたって繰り返し用いるのだ。むしろ、もっと見事に。……ジガバチは毛虫の中枢を顎ではさみ、適当に手加減して締めつけるだけであり、一段落するたびに効果を確かめる。なぜなら、微妙な点が求められており、ある程度の無感覚状態を越してはならないからである。さもなければ、虫は突然死んでしまうことになるだろう。

J・H・ファーブル『昆虫記』より

＊Fabre : *Souvenirs entomologiques*, 1920, Delagrave, t. II, pp. 38-40.〔『完訳ファーブル昆虫記』奥本大三郎訳、集英社、二〇〇五年／『ファーブル昆虫記』山田吉彦・林達夫訳、岩波文庫、一九九三年／他〕
ファーブルは反ダーウィン的である。彼の著作には、しばしば不まじめな批判がなされてきたが、彼の弟子たちは、こうした批判よりも師の著作の方が優れているということを難なく示すことができた。

16 本能とは、個体の役に立つ感覚的＝運動的行為であるのか

キスジツチスガリの行動は、自分の行う各動作の力をはかる外科医のものとはまるで違っている。彼は、少しもそうした繊細さを持ちあわせてはいない。逆に彼は、死刑執行人のような残酷さで行動し、犠牲者に対しては荒々しくふるまうのである。彼は喜々としてそうした作業を行う。……ともあれ、彼が犠牲者を捏ねまわしているところを、必要ならば虫眼鏡を使って、注意深く観察してみよう。舌は活発に、まるで貪欲にリキユールをなめてでもいるかのように、すばやく往復運動をしている。それは、首の下をできるだけ遠くまでまさぐろうとしているのだ。……今度は、サビヒョウタンゾウムシの方を調べるのに、ほどよく襟首を引っぱってみよう。すると、すぐさま正中線上に開口部が見える。この開口部から、キスジツチスガリの好物となる液体がしたたり落ちるのである……。

ファーブル氏が最も高名な生理学者の一人に譬えているジガバチに近い種族であるキスジツチスガリは、したがって、生理学者どころか下品なフェレット〔ケナガイタチの飼育種〕程度に身を落とすことになる。フェレットは喉をかんで敵を捕らえ、その生命の液体を飲むからである。……こうした事実がわれわれに示しているのは、とにかく、ジガバチ科の驚嘆すべき本能が、生きるための闘いから派生しているらしいことである。

キスジツチスガリがサビヒョウタンゾウムシを麻痺させるとすれば、それはまさに個体的利益によるものであり、それらを気の向くままに捏ねまわせるようにするためなのだ。クロアナバチ、ジガバチ、ミカドドロバチたちの本能は、獲物を毒針の一撃で麻痺させ、それによって我が子を養うものだが、彼らは金輪際その子供たちを知ることはないだろう。なぜなら、当座、子は卵の中にいるのだし、死が彼らに訪れるのは、孵化を待たずしてであるからだ。この本能は、実に見事に組織された一連の行為により、当の虫が到達目標についてまったく意識する必要もないままに、種の繁殖を保証している。これは、いかなる例にもまして、自然における超自然的なものの信奉者たちが論拠とするに必要な、あらゆる条件を兼ね備えているのではなかろうか。ともあれ、こうした例によって、この本能は、あらゆるものの中で最も自然な摂理にたどり着くように思われる。すなわち、個体的利益と個体の保存という摂理にである。

マルシャル「キスジツチスガリの本能について」より

* Marchal: *Sur l'instinct du Cerceris Ornata, Archives de Zoologie expérimentale*, 1887, pp. 41-43.
マルシャルはダーウィン派の昆虫学者であり、特殊な多胚形成などの発見をしている。

決定論と個体的利益

17　生理学的状態

動物活動の研究から、次のことが明らかになってきた。たとえば、食物摂取本能・性本能・母性本能などによる行動は、血液中の栄養物の欠如、性腺や乳腺の分泌といった厳密な生体的条件下でのみ、周囲にある該当対象（食物、異性、子供）から刺激を受けるというような事柄が明らかになってきたのである。それゆえ、本能的反応の内容・始動・周期性・衰退などは、その生体的基盤の一時的あるいは永続的な存在や不在によって説明されるわけだが、生理学的状態は、それに対応する本能的行動を実現するだけにとどまるものではない。生得的な反応が、外部の障害物のために、生理学的状態によって生じた持続的な緊張を解消できなければ、まさにその状態こそが、高度な生物の行動を変化させ、新たな応答の仕方をつくり出し、習慣を身につけさせるのである。このように特徴づけられる生理学的状態は、生体の欲求や傾向性をつくり上げ、行動の推進力となる。

したがって、そうした状態を生理学的「主導」状態と呼ぶのは、当を得たことであるだろう。なぜなら、それが活動をうながし、必要な行動へと誘うからである。しかしながら、通常、生理学的状態は、こうした機能以上に、始動時には何ら関与していなかった行動に影響を与えもする。つまり、二つの欲求が共存している時、一方によって生じた行動に対し、他方がそれを強化したり攪乱したりする作用を及ぼすのはよくあることだ。それは欲求の付随的な役割にすぎないが、しかし、こうした影響がただ一つの現れとなる別の生理学的状態も存在するのである。……このようにして、「よく教育された」人間における情動は、もはや最初の行動によって表現されるのではなく、進行中の活動を強化したり乱したりするような二次的な役割に還元されることになる。これはまた、代謝の変化、病気の潜伏期や病気自体、あるいは、何らかの物質の摂取、等々、そうした一連のことによって生じる生体変化の結果でもあるのだ。

ティルカン「クモの巣づくり行動に対する脱皮期の影響」より

＊Tilquin: *Influence de la Mue sur le comportement de tissage chez les Araignées*, 1938, dans《Conduite, sentiments, pensée des animaux》, Alcan, pp. 250–251.

18　ホルモン　行動に対するその作用の一般法則

Ⅰ　これまで、ただ一種類のホルモンに依存するような行動は発見されていない（多くの行動の型は、二種類かそれ以上のホルモンの直接的な影響下にある。たとえば、インドの不妊処理された雌豚の発情期は、エストロゲンと、それに続くプロゲステロン〈黄体ホルモン〉との注射によって起こすのである）。

Ⅱ　生体に対して単一の作用しか及ぼさないようなホルモンは、まだ知られてはいない。

Ⅲ　内部要因としてホルモンは、種そのものに大きく依存した反応を示すようなメカニズムに働きかける。反応の性質は、注入されたホルモンと同程度に、生体組織の能力にも依存している。

Ⅳ　ホルモンが行動に影響を与えることができるのは、生体に対し、総体として及ぼす作用を通じてである。

Ⅴ　ホルモンは、いくつかの特別な型の行為に関わっている形態学的な構造に及ぼす作用を通じて、働きかけることができる（たとえば性ホルモンは、ある種の魚にあっては、腰の一部を変形させて粘液の生産器官とし、それが巣を作る際には重要な役割を果たすのである）。

Ⅵ　ホルモンは、感覚メカニズムへの作用を通じて働きかけることができる（雌の〈オオモンシロチョウ〉は、腹をすかせている時には、花の色である赤・黄・青・紫などの色に対して反応するが、産卵期には黄にも青にもまったく関心を示さず、緑がかった色合のものにのみ積極的に反応する)。

Ⅶ　ホルモンは、中枢神経系の統合機能への作用を通じて、働きかけることができる(ホルモンは、単純な脊髄反射への直接的な影響によって、雌猫の性反応をひき起こす。人間においては、下垂体の分泌が視床下部中枢に影響する。雌ネズミにおける母性行動は、神経組織へのプロラクチン〔＝黄体刺激ホルモン〕の作用に依存している)。

ビーチ『ホルモンと行動』より

＊Beach: *Hormones and Behavior*, 1949, Harper, Londres, pp. 250–262.
ビーチは米国の心理学者である(ここに紹介しているテクストについては、われわれは主な命題しか取り上げることができなかった。したがって、それらは区切れのないものであるから、削除記号を入れていない)。

19　トロピズム〔＝向性〕と差異感覚

サケは、マスやその他のサケ科の魚たち同様、活発に呼吸し、たくさんの酸素を必要とする。生殖期には特にそれが顕著となるが、これは体内で、そこに蓄えられた保存物質を変化させ、生殖要素にしたて上げねばならないからである。こうした新陳代謝をともなう酸化現象こそが、あの呼吸の増加を説明するわけだが、それというのも個体は、自己の周囲に、それまで満足していた以上の酸素溶解率を見いださねばならなくなるからだ。……酸素がより多く供給されるという理由で、サケは、海水から淡水へと移行する。川の流域の合流点にやってくると、彼らは、とりわけ酸素溶解度の高い支流へと入ってゆく。そうして次第次第に、最上流の合流点までさかのぼる。そこは、海からは最も遠いが、一番めぐまれた環境になっているのだ。とうとう、水の酸素溶解率が最高になる場所に着くと、彼らは停止して産卵場所を決める。……こうした事情を考えてみれば、サケの回遊である川のぼりは、トロピズム現象の仲間として分類されるべきだろう。この集団移動は、それ以外には考えようがあるまい。逆境にもめげず、つねに同じ方向に導かれるこの運動、突然の停止と、その後に反応として起こる最終的な産卵の危機、それらは、意志的な選択がまったく介入せず、生体の状態と環境条件との一致が主役を演じるような衝動こそが重要であることを示している。そこには、回遊せねばならぬという決定論が存在する。回遊は、周囲の状況の直接的な作用によってひき起こされ、その状況が細かい差異に応じてさまざまに感知されることで調節され、その目的へと個体を導いてゆく。……この一連の回遊現象は、徹頭徹尾、呼吸トロピズム、もしくは一語に要約すれば〈鰓トロピズム〉の見事な性格を示している。

ルール『回遊魚』より

*Roule: *Les Poissons migrateurs*, 1922, Flammarion, pp. 62-64.

20　信号と知覚形態

無脊椎動物における知覚の世界は、ある点においては、たしかに、きわめて制限されたものとなっている。こうした制限は、まず、彼らの知覚生活において、低次の感覚がはたす重要な役割によって明らかとなる。ここで低次の感覚というのは、量的な増減はありながらも絶対的な与件となる感覚のことである。一方、高次の感覚の発達は、その秩序や組織の質からして、わずかなところにとどまっている。信号の働きをするいくつかの与件との絶対的な関係には、よく知られた例が挙げられよう。それは、雌の匂いを発している特別な対象と交尾しようとする雄のチョウたちの試みや、表面に濃い色のついた何らかの対象に向けられる別のチョウたちの食餌反応、すなわち吸引反応などに見てとることができるのである……。

しかしながら、虫たちの反応がこの種の信号によって完全に支配されていると考えるのは、はなはだ不正確であろう。現前する局部的な状態が、空間的・時間的に近いところで生じているプロセスから影響されるかどうかは、少なくとも視覚領域においては、最も単純な感覚プロセスの性質にかかっているのである。……その好例は、チョウにおける色彩への反応だ。当初その反応は、いかにも絶対的なもののように見えているが、やがて、随伴する視覚的条件に依存しているということが分かってくる。……クノールは、ホウジャク〔移動ガの一種〕について、この虫が食餌飛行をする際には、大きな表面よりも色のついた小さな表面の方を好み、大きな表面に行く場合にも、隅っこや狭くなった部分を好んでそこにとまるということを、初めて明らかにした。その後、輪郭あるいは、照度や色彩のコントラストなどが、虫たちの、とりわけ膜翅目、チョウ類、ハエ類の感覚的生活において果たす支配的な役割が、しだいに解明されてきたのである。これらの事実もまだ、重要な進化のつつましやかな始まりでしかないように思われる。おそらくは、〈生体〉や〈はっきりした対象〉が、原始的な知覚のなかに、まずはどのようにして出現してくるのかということが、かいま見られているのである。信号の偶発的な現れにのみ反応するような生物は、ほとんどいつでも、半ば死んだようなものである。だが、さまざまな様相の蓄積や導きのなかにあるコントラストや変化に反応する生物は、その知覚のなかに絶えまなく身をさらし、いかなる瞬間にも多忙で、生き生きとしているのだ。

マチルド・エルツ「動物界における本能と知性との関係」より

*Mathilde Hertz: *Le rapport de l'instinct et de l'intelligence dans le Règne animal*, 1938, dans《*Conduite, sentiments, pensée des animaux*》, Alcan, pp. 25-27.
エルツ嬢はゲシュタルト学派の心理学者である。

究極目的と種の利益

21　われわれは、種の利益をまったく参照することなしに済ませられるだろうか

キスジツチスガリがサビヒョウタンゾウムシのうなじをこねまわすのは、それぞれの個体にとっての利益があるからだと言われている。おそらく、そのようにして、キスジツチスガリはサビヒョウタンゾウムシから体液をぬきとり、それをむさぼり飲むとされているのである。……ジガバチに関するノートで、P・マルシャルは、――ジガバチが毛虫の嗉嚢から流れ出る混合汁を飲むのを見て――それは自分のために作業しているのであり、ジガバチたちの本能の出発点として考えねばならないのは個体にとっての利益である、という見解をあらためて述べている。だが、これは完全にまちがった見方なのだということを、再度、指摘しておこう。

ツチスガリモドキもまた、その獲物をこねまわし、流れ出るものを口にするが、この幼虫にファーブルは……嗉嚢がまだ空になっていない殺したミツバチを与えてみた。そのようにして飼育されたすべての幼虫は、ミツバチを受けとり、それを食べるが、何日かたつと死んでしまう。……幼虫は、成虫以上に、むしろ獲物をこねまわすことの方に関心があるのだと考えざるをえない。ではチコリの汁でもなめると、このジガバチ科の

幼虫に、こんな致命的な結果がもたらされるのだろうか。たしかに、この幼虫は肉食性であるのだから、それもありえないことではないが……。

ヒメコバチは、コバチ類であり、ジュンサイハムシの卵のなかに自分の卵を産む。これをするために、ヒメコバチは産卵管で、寄生すべき卵に穴をあけ、次に向きを変えて、その卵から流れ出る液体をなめる。こうした操作は、時には、ただ一つの卵に対して、何度もくり返し行われるし、コバチの仲間によっては、その汁を飲む楽しみだけで卵に穴をあけることさえあるのだ。個体にとっての利益は、母性本能と共存し、それを利用しているのであって、これほど自然なことはない。けれども、この個体にとっての利益の方が母性本能を生み出すなどというようなことは、認められようはずがない。実際、膜翅目の昆虫は、個体にとっての利益のためとあれば、それ以外の栄養物を見つけることもできるのである。マルシャル自身が書いているところでは、「この動物行動学的特殊性は、前もって発達を止められたジュンサイハムシの卵の中で、寄生卵の発達が目指している事柄に左右されている」。ここでもまた、この理論は、結局われわれに、生命の維持に欠かせない操作は、その生物が自分の個体的生活のため偶然に行う操作の一つと一致する場合にしか行われない、と主張させることになるだろう。だが、論理的に言って、せいぜい是認しうるのは、その反対の事柄なのだ。

トマ『本能、その理論と現実』より

＊Thomas: *L'instinct. Théories-réalité,* 1929, Payot, pp. 68-75.
トマはベルギーの昆虫学者。ファーブルの弟子であり、新トマス主義者である。

22　個体の幻想

いかなる時にも、真理は、意志に働きかけるために、幻想という形をとってきた。ほかの女性の腕に抱かれるよりも、美しさに魅了されるような女性の腕のなかにいる方が嬉しいものだ、と思い込ませることによって男を欺くのは、まさしく官能的幻想なのである。……したがって、彼は自分が、個人的な喜びのために、それらすべての努力を重ね、それらすべての犠牲をはらってきたと思い込んでいる。だがそれは、まったき純粋さにおいて種の型を保存するために、あるいは、それらの両親からしか生まれることのできない極めて限定された個性をつくり出すために、そうしてきたのである。……彼の欲望の充足は、その種のみにしか利益をもたらすものではなく、個人の意識に入り込むこともない。個人は、種の意志によって鼓舞され、少しも自分のものではないような目的のために、献身的に働いてきたわけだ。こうして恋人たちは、すべてが成就された後になって、だまされていたことに気づく。なぜなら、彼を種の詐術にかけていたあの幻想が、姿を消してしまうからである。……これらすべての事柄が、動物たちの本能や術策について、光を投げかけてくれる。彼らの目に個体的な喜びへの希望を輝かせ、種の繁栄のためにあれほど勤勉かつ献身的に働かせ、鳥に巣を作らせ、虫に産卵の適地を探させ、自分自身が貪り食うためではないような獲物を求めさせるのは、やはりおそらくは、一種の幻想の支配力によるものなのであろう。……これらすべての動物たちを誘導しているのは、その作業に利己的な目標を掲げながら、その実、種に奉仕させているところの一つの幻想であるにちがいない。ここにこそ、どうやら、本能のすべての現れの基礎となる内的もしくは主観的なプロセスを首尾よく把握するための、ただ一つの道がある。だが、外的・客観的にみれば、動物たちを支配しているこの本能は、神経節系すなわち主観的な神経系の、客観的な大脳系に対する優位によって、われわれのもとに現れてくる。ここから結論しうることだが、彼らは、物そのものの厳密な観念によって行動するよりも、むしろ、欲望のみなもとである主観的な表象によって行動させられている。そして、この欲望のみなもと自体もまた、大脳への神経節系の影響、つまりは、何らかの幻想によって生じているのである。

ショーペンハウアー『意志と表象としての世界』より

＊Schopenhauer: *Le Monde comme volonté et comme représentation*, 1859, trad. fr. Alcan, t. III, pp. 351-352.〔『意志と表象としての世界』西尾幹二訳、中公クラシックス、二〇〇四年／「意志と表象としての世界」、『ショーペンハウアー全集2〜7』（斎藤忍随他訳、白水社、一九九六年）所収／他〕

23　認識と感覚＝運動性

　ここでは、めったに気づかれることのない二種類の無意識間にある差異について指摘しておかねばならない。それは、〈無い〉意識から生じる無意識と、〈取り消された〉意識から生じる無意識との差異である。〈無い〉意識も〈取り消された〉意識も、ともにゼロではあるが、前者のゼロは、そこに何も無いことを表しており、後者のゼロは、相反する方向をもつ二つの等しい量が、合成され、相殺し合っていることを表している。落下する石の無意識は〈無い〉意識である。その石は、自分の落下についてのいかなる感情も持ってはいないのだ。しかし、本能が無意識的になるような極端な場合において、そうした本能の無意識についても、この石と同様のことが言えるだろうか。われわれが習慣的な行為を機械的にやってのけたり、夢遊病者が自分の夢を自動的に演じてみたりする時、無意識は絶対的なものであるだろう。だが、この場合の無意識は、その行為の表象が行為そのものの実行によって阻止されるところに起因している。行為はあまりにも完全に表象に似て、あまりにもぴったりとそこにはまり込むので、いかなる意識も、もはやそこからはみ出すことができないほどなのだ。〈表象は行為によって封じ込められる〉。その証拠に、行為の遂行が何らかの障害によって阻まれたり、妨げられたりすれば、意識が現れることもある。したがって、意識はそこにあったのだが、表象を満たす行為によって相殺されていたことになる……。

こうしたことから、知性はむしろ意識の方に向かい、本能は無意識の方に向かうのだと想定することができる。なぜなら、あつかう道具が自然によって準備されており、それを用いる場も自然によって与えられており、さらに、得られる結果までが自然によって見込まれているところでは、きわめて狭い選択の余地しか残されてはいないからだ。表象と行為とは対極にある同一的なものであるが、表象に内属する意識は、解放されるにしたがい、行為の完遂によって相殺されることになるだろう。意識が現れるところでは、その意識は、本能よりもむしろ、本能が陥りやすい障害の方を照らし出すことになる。つまるところ、意識となるのは、本能の〈不足額〉であり、思考と行為との隔たりなのである。このとき、意識は偶発的なものでしかなくなる。意識は本質的に、本能の最初の歩み、つまり、自動的な一連の運動の全体をひき起こす歩みを強調するだけなのだ。逆に、不足は、知性にとっては正常な状態である。……手短かに言えば、本能も知性も、ともに認識を含んでいるとしても、本能における認識は、むしろ〈上演〉されるものであり、無意識のものであるのだが、知性における認識は、むしろ〈思考〉されるものであり、意識的なものなのである。

ベルクソン『創造的進化』より

＊Bergson: *L'évolution créatrice*, 1907, P. U. F., 62e édition, pp. 144–145.〔『創造的進化』真方敬道訳、岩波文庫、一九七九年／『創造的進化』合田正人他訳、ちくま学芸文庫、二〇一〇年／他〕

3　本能と制度との独創性

24　本能と体制

Ⅰ〈あらゆる動物には、行為と体制との密接な関係が存在する。〉だが、こうした関係は、特に甲殻類や昆虫といった下等動物においてしか、もはやどこにもその痕跡は残されてはいない。昆虫の口腔器官は、食物をとる本能的な方法と密接に関係しており、チョウの吻管は、花の奥の方にある蜜腺に合わせられている……。
Ⅱ〈動物の機能はしばしば器官の形状から推測されるとはいえ、体制によって本能的行為の特殊性を知ることはできない。〉
　クモにおける糸を出す腺の存在からは、彼らが糸を紡ぎ出すことだけは推測できるが、クモの体の構造から、さまざまな巣の特殊な形まで推測することは無理である。ウスバカゲロウの幼虫を調べてみると、口腔器官によって肉食昆虫であることは容易に分かるが、そこから、それが砂に漏斗状の穴をあけ、特別な方法でアリを捕まえるのだということまでは、まったく推測することができない……。

Ⅲ　三番目の事実群から、〈本能的行為は、目的に完全に沿うために、しばしば体の構造と協力し合っているらしい〉ことも分かる。

その事実は、なによりもまず第一に、いわゆる擬態の現象に関連するものである。多くの動物は、敵に対し、体の構造によって守られている。色や形態がそうであり、それが彼らを、多少とも周囲と見分けがつかないようにしてくれるのだ。たとえばシャクガのような鱗翅目の一部のものは、木の幹やトゲなどと同じ色をしている。しかしながら、こうした身体的特異性も、本能がそれに協力し、特定の木の幹に身をよせて動かずにいるよう仕向ければこそ、それらの動物を守ることもできるのである。（枯枝と呼ばれる）ナナフシは、本能的に体にそって肢を枝の形に広げ、枯枝のようにぶら下がったり、そんな姿勢で地面の上に寝そべっていたりする。

ボイテンディク『動物心理学』より

＊Buytendijk: *Psychologie des Animaux*, 1920, trad. fr. Payot, pp. 109–112.

25　本能と反射

本能は、それに固有の一連の性格によって、反射よりもいっそう全体に関わるもののように見える。したがって、本能では、運動が刺激に適応しており、目的にかなっており、つまりは、全生体的な観点から決定されているのである。取るに足りぬと思われるほどの刺激の変化が、反応を変化させたり、逆転させたりすることもある。これらの事実もまた、この「全体への適応」ということによってのみ理解されうるのである。この現象は、単に刺激作用に依存しているばかりではなく、食欲といった生体の全体的な特殊状態にも依存している。しかしながら、結局のところ、生体が目的に合った反応を行うとしても、その目的が、反応の仕方をすっかり決定しうるわけではないということは指摘しておこう。なぜなら、目的は、将来においてしか実現されないものであるからだ。「母性本能と母性的感情や行為と」が出現するのは、誕生以前なのか以後なのか。これは、全体的な人格によるものだ。この「本能」は、時には、子供が一定の年齢になり、母親から「一人前の人間」と見なされるようになってから、ようやく現れてくることもある。こうしたすべてのことは、本能的といわれるプロセスのどれほどが、高度な知的能力に依存するものであるかを示しており、それはまた、本能と大脳皮質機能との密接な関係によって説明されるものでもある。動物（ネズミ）においてさえ、大脳皮質の介入以降、母性本能と性行動とは共に変化するということを、ラシュリーは明らかにすることができた。
たしかに、この全体的な関係だけでは、本能を反射から区別することはできない。実際われわれは、この関係が反射にもあてはまることを学んできた。だが、反射タイプの現象と比べれば、また別のところに差異がある。本能は、内外の「自然的な」刺激によってひき起こされるが、ほとんどの反射がそうであるような、一定の人間の目的を満たすために生じる人為的な反応でもなく、不適当な環境条件による極限状況において生じる反応でもない。それは本質的に、生体の生活の構成要素をなす反応なのだ。

ゴルトシュタイン『生体の機能』より

＊Goldstein : *La structure de l'Organisme,* trad. par Burckardt et Kuntz de l'ouvrage *Die Aufbau des Organismus,* 1934, N. R. F., pp. 160–161.〔『生体の機能』村上仁・黒丸正四郎訳、みすず書房、一九五七年〕

26　本能と習慣

ネズミとともに育てられたネコは、自分たちのところにネズミがやってくると、捕まえようとしたり、じゃれついてみたり、さらには、庇護しようとしたり、不安を示してみたり、さまざまに異なった行動をとるようになる……。

　こうした実験はすべて、本能や習慣の観念について、ある種の光を投げかけている。今後は、おそらく、不変的・宿命的・〈無条件的〉な本能的行為という観念は支持できなくなることだろう。とはいえ、その代わりに、特定の刺激に対する生体の基本的反応性という観念を放棄することは、われわれには不可能であるように思われる。ただし、自然学者たちが記述してきたような本能的行為の完成された形から、そうした真の基本的反応性を識別することは、至難のわざであるだろう。本能的行為は非常に複雑だ。それらの要素のいくつかは、他のものに対して一種の自律性も……持っている。追跡は、じゃれ合いの反応に似ているし、捕獲にまで至ることもあり、それがさらには嚙みつきにもなってしまう。……それぞれの局面が、新たな刺激と、新たな基本的反応とを介入させてくるのである。自然的な条件にあっては、事態はまたたく間に最終段階にまでいってしまうことも理解されよう。追われる動物は、粗暴になり、おびえており、ネコの内に激しい興奮をひき起こす。それがネズミとの共同生活という特殊条件においては、もはや事情が違ってくる。とりわけ、共同生活が、捕食本能の身体的成熟期以前に始まっている場合にはなおのことである。この共同生活は、さらにまた別の本能的欲求、暖かさ、遊び、社交性、等々の欲求をも満たしている。つまりここでは、いくつかの本能的傾向性が、偶然にも同一の両義的な対象へと集中することになり、そこにせめぎあいが生じているわけだ。したがって、結果がこれほどまでにバラバラになったとしても、驚くにはあたるまい。

行動のなりゆきは、それが出会う外的条件に依存しており、理論的には偶然のものだということになる。だが、このことは、本能的行為のメカニズムを理解するためには重要であるとしても、〈実際には〉無視できるものである。ネコの習性を記述してきた自然学者も、自分たちの記述を修正することはあるまい。本能についての古い観念は、基本的反応から出発し、〈正常な環境〉の影響下で、発達した習慣にも適用される。人為的な条件においては、同じ基本的反応から出発して、それとは別の行動の型を得るわけだ……。

したがって、われわれは特殊な本能の記述を続けてゆくことができる。たとえこうした特殊な本能が、正常な環境に応じた個別的教育によって達成されるものであっても、そのことに変わりはない。そこでは、この環境の変動的で偶発的な性格によって変わってくる真の習慣というものを識別することができるだろう。動物は、自分の住んでいる特殊なテリトリーのなかで、身の処し方を〈学ぶ〉。彼には目印や道順があり、自分の巣やねぐらに帰るすべを心得ているのである。くまなく調べられ熟知されたこの場所では、いくつかの事象が特別な意味を帯びているが、それというのも、これらの事象は、基本的意味を持つまた別の事象を告げているからだ。個体が真の習慣によって順応しているのは、親しい事物たちの作る特殊な、この空間的・時間的な構造に対してなのであり、これこそが、習慣が柔軟であることの理由となっている。したがって、習慣と本能との対立にも根拠はあるわけだが、しかしこの対立も、さほど根深いものではないのである。

ギヨーム『習慣の形成』より

＊Guillaume: *La formation des habitudes*, 1936, Alcan, pp. 14–16.

27　制度と組織

社会は、何よりもまず思考と傾向性からできているにもかかわらず、空間のどこかに位置し、広がりを持ち、所を得ているのでなければ存在することはできず、その諸機能を働かせることもできない。つまり社会は、その全体においても、部分においても、——しかじかの位置・大きさ・形といった——物質的大地の一種の延長と結びついているのでなければならない……。

政治制度とそれに対応する集団表象とは、集団の形や延長と密接な関係を持っている。その点では、アジア的専制政体は、ギリシャの都市国家との間に明らかな対照を見せている。大王や太守は、絶対的で恣意的な権力の下に、いずこも知れぬ国境にまで散らばる膨大な人々、すなわち、区別も定かでない大集団を服従させているのに対し、都市国家では、領土はもっと限られ、住民も集中して住んでいるのである。……綱領や政党の軋轢の背後に、互いに対立する諸集団を見てとろう。これらの集団が対立しているのは、空間において同じ体制をもってはいないからだし、やはり物質的観点からすれば、同じ凝集力も、同じ安定性をも、持ってはいないからである。……こうして、社会生活の各機能は、その生活に結びついている諸集団の空間形態によって表現されることになる。

アルヴァックス『社会形態学』より

＊Halbwachs : *Morphologie sociale*, 1938, Colin, pp. 184–188.

28 制度、習俗、法

〈制度は、習俗の堕落に対し、自由な人民の政府を保証するものであり、政府の堕落に対し、人民・市民を保護するものである。〉……制度は公共の自由を保証する。それは、政府や市民階級のモラルを高め、反乱分子を生み出す妬みというものを抑制する。制度がなければ共和国の権力は、たよりない人々の采配に、あるいは、おぼつかない手段に、基礎を置くことになるのである……。

習俗があれば、すべてはうまくいくかもしれないが、そうした習俗を純化するためには制度が必要となる。それをこそ目標とすべきであり、そこに為すべきすべてのことがある。それ以外のことは、自然になびいてくるものだ。恐怖政治は、われわれから君主制も貴族制をも厄介払いしてくれるかもしれないが、しかし、誰がわれわれを堕落から救い出してくれるだろうか。それこそは制度なのだが、誰もそれに気づいてはいない。人は、一つの統治機構を手に入れれば、それをすっかり出来合いのものだと思い込んでしまう。私は、多くの人々が革命を行なったと言っているのを耳にしてきた。だが、彼らは思い違いをしている。革命は人民のなす事柄なのだ。〈それにしても諸君は、今日なさねばならない事柄、立法者自身にこそ課せられている事柄を知っているだろうか。〉それは、共和制を樹立することである……。

今は、あまりにも法があり過ぎて、あまりにも市民制度がなさ過ぎる。われわれは市民制度を二つか三つしかもっていないのだ。アテネにもローマにも、たくさんの制度があった。私は、制度が多ければ多いほど、人々は自由になると考える。制度は、君主制下では少なく、絶対専制下ではなお少ない。専制はたった一つの権力に牛耳られているが、この力を弱めるためには、制度を増やしてゆくしか道はない。……法は少なくていい。それがたくさんある所では、人民は奴隷となる。奴隷制とは、自分の意志を犠牲にすることだ。そこでは人々は、それを良しと認めなくとも従わねばならず、自由も祖国もないのである。人民に余計な法を課すものは圧政者となる……。

法は権利を生み出さないが、権利は法を生み出すのだ。

サン＝ジュスト「共和制」より

＊Saint-Just : *Institutions républicaines*, dans《*Œuvres de Saint-Just*》, éd. de la Cité universelle, pp. 279–290.

29　制度と法

制度とは、一つの社会環境において実現され法的に持続するような成果、もしくはそうした企てという観念のことである。この観念を実現するために、権力が形成され、この観念に機関が与えられることになる。また他方では、この観念の実現に関わる社会集団のメンバー間に、権力の諸機関によって導かれ、手順によって調整されてゆく共感の表明が生じてくる。制度には、擬人化されるものと、擬人化されないものとの、二つの型がある。前者の方は、人格＝制度あるいは国家機関（国家、団体、組合、等々）のカテゴリーを形成しているが、ここでは、組織された権力や、その集団のメンバーたちの共感の表明は、活動という観念の範囲内で内面化されるようになる。同業者的制度の対象となった後、この観念は、国家機関のなかに立ち現れてくる倫理的人格の主体となるのである。

第二のカテゴリーになる制度は、事物＝制度と呼ぶことができるが、ここでは、組織された権力の要素や、その集団のメンバーたちの共感の表明は、活動という観念の範囲内では内面化されない。なるほど、それらはその社会環境のなかにはあるのだが、この観念の外側にとどまっているのである。社会的に確立された法規は、この第二の型の制度である。法規が制度であるのは、それが観念である限り、社会環境のなかで広まり、生きているからであるし、そうでありながら見た目には、それに固有の協同機関を生み出さないからだ。この制度は国家機関のなか、たとえば国家のなかで生き、その国家機関から制裁権を借用しており、みずからの内に生じてくる共感の表明を利用しているのである。また、それは協同機関を生み出すことはできないが、その理由は、この制度が、行為や試みの原理ではなく、逆に、制限の原理であるからだ……。

生きて行動しようとする人々にあっては、行為と連続性や持続とがすっかり和解し、協同的制度も諸個人も前面に位置するようになる。なぜなら、それらは同時に、行為と連続性とを具現しているからである。また、法規は後方に置かれるようになる。なぜなら、それは連続性を具現してはいても、逆に行為を具現してはいないからである……。

法規をつくるのは制度であり、制度をつくるのは法規ではない。

オーリウ「制度と基礎づけの理論」より

＊Hauriou : *La théorie de l'institution et de la fondation*, 1925, dans《*La cité moderne et les transformations du Droit*》, Bloud et Gay, pp. 10–44.

30　制度と契約

権利は意のままになるものだ。権利を持つということは、それを放棄することも、売ったり与えたりすることもできる。だが、身分規定は奪うことも譲渡することもできない。そこには、放棄する選択肢は含まれていないのである。とりわけ、自分たちが制度的枠組のどこに帰属しているかに応じて引き受ける積極的あるいは消極的な個人的状況を、特別な約束事によって変更することは許されていない。国籍、戸籍、公職、……等々がそれである。変更しなければならないのは、枠組そのものの方なのだ。これは契約の問題ではなく、原理の問題である。制度的枠組に反することになるあらゆる約束事は、自然法からの無効宣告を受ける（これは民法第六条が定める「公共の秩序」にあたっている）。すなわち、〈制度的なものが契約的なものに優先するのである。〉……

制度と契約とは、法的活動の二つの極である。……権利は安全のためにあるのだから、安全が高まれば、制度的なものから契約的なものが排除されるという方向をとることになる。だが、還元しえない個人的自由というものがあるのだから、制度が契約を決定的に追放することはできない……。

ストライキは、仕事の放棄という個人的事実が増幅されたものとは違っている。それはまた、何百何千の契約不履行という個人的事実が集まったものでもない。それが目指す目標によって、それがとりしきる大合唱によって、また、それが示す組織や規律によって、ストライキは、独特の、還元しえぬ、制度的な、一つの現象となっている。……当事者たちが、第三者に対抗できるような効果をねらったり、長期実施を視野に入れていたり、一つの力をつくりあげようとしていたりする、すべての法的な行為もしくは活動を、われわれは契約的枠組の外に置くことになるだろう。……選挙活動は代議士に、契約的権限の可能性をいたるところで越えるような職務をさずける。つまり代議士は、彼を選ばなかったいくつかの選挙区を代表したり、彼の競争相手に票を投じた市民、棄権した有権者、女性、子供たちを代表したりすることにもなるのである。彼は、集まった票によって、来たるべき世代をも拘束し、その権限なるものは取り消すことができない。……あるいはむしろ、そこには金輪際、委任ということがないのだと言った方がいいだろう。代議士の条件は、契約的ではなく制度的であり、選挙活動は一つの制度なのである。

R・G・ルナール『制度の理論』より

*R. G. Renard : *La théorie de l'institution*, 1930, Sirey, pp. 334-404.
ルナールは法学者であり、オーリウの弟子である。

4　状況と適応

本能と状況

31　本能のリズム

カベヌリハナバチも、無用な行為の繰り返しでありながら、それに続く行為のためには不可欠な前奏曲となるものを、また別の形で見せてくれる。ハチは、収穫物をもってやってくると、貯蔵のための二段階の操作を行う。まず彼は、餌袋の中身をそこへ注ぐために、頭から房室の中にもぐり込む。次には、そこから出て、またすぐに後ずさりしながら入り、腹部をこすりつけて、くっついた花粉を落とす。この虫が、腹の方から先に房室に入ろうとする時に、私がそっとそれを藁屑で押しのけると、それによって二番目の行為はさまたげられ、ハチは再びすべての動作を行おうとする。すなわち、餌袋は空になったばかりで、もう何も注ぐものはないのに、もう一度、頭から房室の奥にもぐり込もうとするのである。こうしてまた、腹の方から入ろうとする番がやってくるが、私は再びハチを押しのける。虫の作業は、相変わらず頭を先にして繰り返され、私の藁屑の動きも繰り返される。こうして、この現象は、観察者の望むがままに何度でも繰り返されることになったのである。

J・H・ファーブル『昆虫記』より

＊Fabre : *Souvenirs entomologiques*, 1920, Delagrave, t. I, p. 318.〔『完訳ファーブル昆虫記』奥本大三郎訳、集英社、二〇〇五年／『ファーブル昆虫記』山田吉彦・林達夫訳、岩波文庫、一九九三年／他〕

32　どこにおいて、本能は新たな状況に適応しなくなるのか

あれこれの本能を、その正常な成りゆきからそらせ、別の道をとらせるよう試み、この本能が本来はそのためにしつらえられてはいないような事柄を、無理に遂行させるようにしてみていただきたい。そうすれば諸君は、本能が驚くほど狂った働きを見せるのが分かるだろう……。

リンシウム・ニチドゥルムは大工スズメバチの一種であり、通常はインド風のバンガローに巣作りをする。それぞれの巣は、まさに壺のような卵形の小部屋が集まったものであり、その壺は、きめ細かい粘土でできて、樹脂の層におおわれている。私はこうした壺の群れを見つけた。ほとんどは完成していたが、一つだけ、まだ半分しかできていないのがあった。……私はその縁のところに、ピンの頭ほどの小さい粘土の玉を置いた。それも、ちょうどスズメバチが建築を再開せねばならない場所にである。ハチが帰ってきて、すぐさまこの不思議なコブに注意を向けた。……彼はこの塊を調べ、ひどく興奮して、巣のなかにひきこもってしまった。建築を中断し、この予期せぬ出来事に大いに困惑していたのである。塊はそこにくっついたまま、ハチはそれをどけようとするどんな努力もしなかった。

だが、そこには、独特の狂った行為が生じていた。スズメバチは、なんとも滑稽で不

条理なことをしていたのである。ハチは、完成して樹脂におおわれた隣の部屋の方へ行き、そこから樹脂の塊を取ってきては、それを半ば完成した壺の外側に塗りつけたのだ。スズメバチはすっかりできあがった部屋にしか樹脂を塗らないのだから、ここでは、まったく慣れないことをしているわけである。まず粘土で建築し、次に樹脂を塗る。これがいつもの習慣的な行動である。ところが、今直面しているケースでは、私の粘土玉のせいで、ハチは部屋が完成するまえに樹脂を塗り始め、かつて一度も見せたことがないほど激しく塗りながら、異例の精力をそそいで働いている……。

では、この狂気の説明を試みてみよう。今しがた述べたことだが、通常、スズメバチは、まず自分の壺を建築し、その後でようやく樹脂の層を塗る。そこからすれば、壺を樹脂で塗るのは、大切な生命の防御行為の現れであるということが分かる。完成した壺のなかに、寄食者が侵入してこないようにすべきなのだ。だから、スズメバチにとって、防御することは塗装することになる。……ところが、あの不思議な塊の発見は、即座にハチを防御態勢におく。ここで何事かが起こった。そこには侵入者の徴があるのだ。これがすぐさまハチの自然な防御本能を目覚めさせる。樹脂を備蓄し、それで部屋をおおわねばならない。それも、寄食者が侵入してくる時を待たず、緊急を要する。言うまでもなくハチは、まったく無用の行為をしてしまう。部屋は半ば完成したままで大きく口をあけ、何の防御にもなっていない。しかし、スズメバチはこれらの事柄を正しく判断することはできなかった。その本能は、防御することを塗装することにしか結びつけておらず、スズメバチはひたすら塗るばかりなのだ。

ヒングストン『昆虫における本能と知性との諸問題』より

＊Hingston : *Problèmes de l'instinct et de l'intelligence chez les insectes*, 1931, trad. fr. Payot, pp. 76–78.
ヒングストンは医師であり、熱帯に棲息する昆虫の専門家であって、数回の探検に参加した。彼は好んでファーブルをひき合いに出している。

33　どこにおいて、本能は新たな状況に適応するようになるのか
——ルリジガバチ

〈巣づくり〉第一の課題。——巣が四分の一ほどできた頃、ハチのいない間に、小型ナイフでその土台の部分を大きく取り去ってみる。粘土の小さな塊をもって帰ってきたハチは、羽をバタバタさせながら定めなく飛びまわり、飛び去ったり帰ってきたりを幾度か繰り返して、やがて、巣の開口部に小さな塊を置く代わりに、被害にあった部分をなおし始める。……第五の課題。——われわれはルリジガバチが、放棄されている黄色粘土でできた巣の首のところを、灰色粘土の二個の玉を使って修理するのを観察した……。〈産卵〉二五番目の課題。——〈すでにいくつかの獲物が巣にある時に、卵とその卵の生みつけられたクモとを取り去り、獲物の配置を変えてみる。〉……虫は、新たな犠牲をつかまえて、再び巣に戻ってくる。備蓄を完成させる代わりに、虫は巣をすっかり空にする。その翌日、彼は五匹の新たな獲物を運んでくるが、その最初の獲物に卵が生みつけられる。……二七番目の課題。——〈卵とすべての備蓄とを、閉じられた巣から取り去ってみる。〉巣の首の部分の修理、この巣のなかでの産卵と新たな備蓄。……三〇番目の課題。——〈見知らぬ卵を、新たに作られたばかりの巣のなかに置いてみる。〉するど（a）この卵は、その虫によって取り除かれ、つぶされる。三時間ほど待つと、

虫が産卵し、備蓄を始めるのが観察される。(b) 虫は産卵し、見知らぬ卵に注意をはらうこともなく備蓄を行う。おそらくは、その卵に気づかなかったのだろう……。

L・ヴェルレーヌ「膜翅目における本能と知性」より

＊L. Verlaine: *L'instinct et l'intelligence chez les hyménoptères, II, Annales de la Société entomologique de Belgique,* 1924.

34　もしもすべてが状況と訓練とに依存しているのならば、本能はもはや何物でもない——カナリア

私の研究は三年間続き、その間に、まず考察したのは〈いずれも人工的な巣のなかで生まれた鳥たち〉の一二のカップルが示す行動だった……。

まがりなりにも揺籠を作ることのできる老若のあらゆる雌たちは、一五日から二〇日間の作業をしたが、その内の一羽は、これに成功するまでに三カ月もかかってしまった。——通常こうした鳥は、皆たいへんな節約家で、必要な時にも、自分たちが選んだ場所にわずかばかりの細い枝を集め、それらを一本一本、自分のまわりに円形に配置するのだが——彼女たちはこの時、とりあえず、かなりの量の資材を集め、多少なりとも長期にわたって迷ったあげく、その堆積のてっぺんにくぼみを作ろうとした。……結局のところ、これら雌たちが、その手で作った堆積物の上にくぼみをしつらえたのは、そこに幾羽かのひなを宿らせるためではなく、彼女たち自身のためであったらしい。なぜなら、私の見た限りすべてのくぼみは、どうにかこうにか母鳥の体を納められる程度のものでしかなく、たった一羽のひなの揺籠にもならなかっただろうからである……。

母鳥に、自分の試みの目的が何であるかが分かり始めるのは、ようやく、三回目あたりからでしかなかった。自分だけのために働くのではないということが分かってくれば、

やはり彼女は、自分が最初に作りあげた小さすぎるくぼみのなかで、少なくとも一羽のひなを育てるようになるにちがいない。……この時になってようやく、彼女は資材を節約し、揺籠を作りあげ、その内側をやわらかい綿毛でおおうようになるのである。だが、こうした長期間の試行錯誤も、この鳥が普通の巣で生まれたか、あるいは、すでに自分の役目を心得ている雌鳥が巣作りするのを見たかしておれば、著しく短縮されることになる……。

本能と名づけられる衝動は、常に、生化学現象と、遺伝構造と、日常生活の条件と、個体的経験との結果なのである。

本能は何物でもない。

L・ヴェルレーヌ「鳥類における本能と知性」より

*L. Verlaine: *L'instinct et l'intelligence chez les oiseaux, Recherches philosophiques*, t. III, 1933-1934.

状況と制度

35　立法者の純粋観念

いやしくも人民の制度を確立しようとするほどの者は、自分自身が、人間の本性と言うべきものを変えられるという確信を持っていなければならない。それ自体としては完全でありながら孤立している各個人を、いわば、彼に生命や身分を与えるような、もっと大きな全体の一部分に変え、さらに、人間の体質を強化すべく変質させ、また、われわれ誰もが自然から受けとっている身体的で独立的なあり方を、部分的で道徳的なあり方に置きかえられねばならないのだ……。

立法者は、あらゆる点で、国家における非凡な人物である。彼はその才能において非凡であるばかりではなく、職務においても、これに劣らず非凡でなければならない。彼は為政者とも主権者とも、まるで違っている。……なぜなら、人々を支配する者が、法を支配してはならないとすれば、法を支配する者もまた、人々を支配してはならないからである。さもなければ、彼の情念の司牧者であるはずの法も、しばしば彼の不正を永続させることにしかならないだろう。彼は、個人的な見解が自分の仕事の神聖さを汚すことから、決して逃れられはしまい。リュクルゴスが祖国に法をもたらした時、彼は王権を譲ることから始めたのだった。ほとんどのギリシャ都市では、自分たちの法の制定は外国人に委ねるのが慣習であった……。

このように、立法という事業のなかには、両立しがたく思われる二つのものが見出される。人間の力を超えた一つの企てと、それを実現するための、無きに等しい権威である。

ルソー『社会契約論』より

＊Rousseau : *Du Contrat social*, 1762, livre II, ch. VII.〔『社会契約論』桑原武夫他訳、岩波文庫、一九五四年／『社会契約論』中山元訳、光文社古典新訳文庫、二〇〇八年／「社会契約論」、『ルソー選集7』（佐田啓一他訳、白水社、一九八六年）所収／他〕

36　オレステス——諸制度は変わり、互いに対立する

エリニュエスたちは、父や男の権利を少しも認めていないことが明らかになる。なぜなら、クリュタイムネストラの罪を罰しないからである。彼女たちは、母親の支配権や、母系である限りでの血統上の権利しか認めず、古代の慣習にしたがって、母殺しの犯人を捕まえることを望んでいる。アポロンの主張は、まったく違う。神ゼウスの意向により、父親の仇を討てとオレステスに母殺しを命じたのはアポロンなのだ。したがって彼には、エリニュエスに対して、オレステスを弁護する準備ができている。彼は婦人制に家父長制を対立させ、家父長制の方に重きを置く。こうした点においてアポロンは、とりわけ、彼がアテナイで都市の守護神として呼ばれている「パトロース」（父の、父祖伝来の）という表現にふさわしい。……新旧の法が対峙している。なぜなら、エリニュエスたちは、アポロンの弁護を聴いた後、次のように宣言するからである。「そうしてお前は、古い神々を絶滅させたのだ」と。……以後、旧法は、その基盤となっていたものを奪われてしまう。あらゆる繁栄の基礎は、こうして破壊され、もはやだれ一人としていて、「おお、法を！　エリニュエスたちの玉座を！」と叫びたてようとする者はいないのである。「夜」の不毛なる娘たちは怒りにかられ、大地の深みに身を隠し、地表の果実を腐らせたり、母の胸に抱かれた人間までをも絶滅させたりするようになる。しかし

ミネルヴァは、エリニュエスたちに、今後は人々より敬われることを保証しつつ、彼女たちを味方につけ、新たな法と和解させるすべを心得ている。彼女たちは呪われた者でもなければ、失墜した者でもなくなる。……原初の神々であるエリニュエスたちは、平和と安らぎとの精霊となり、以後は、あらゆる良き絆の仲介者となるだろう。

バッハオーフェン『母権制』より

＊Bachofen : *Das Mutterrecht*, 1861, dans《*Pages choisies*》, Alcan, pp. 98–100.〔『母権制』吉原達也・平田公夫・春山清純訳、白水社、一九九二年〕

このテクストならびに次のテクストは、他方で、神話と制度との関係を明らかにしてくれることだろう。

37　オイディプス——いかにして制度を順送りにするか

ある一定の期間、もしくは深刻な状況にせまられた時、王は、自分が相変わらず王権を体現するに値しているかどうか、それとも、この王権を、武力と活力にあふれる別の体に具現させるべきではないかどうか、それを突きとめるべき試練を課されていた。この試練の儀式は明らかに、都市によって、またおそらくは状況によって異なるものとなっていた。王と一人もしくは幾人かの王位継承権主張者との間の特殊な闘いは、どうやら、きわめて頻繁に行われていたらしい。……時に、闘いは、運動競技の形をとったり、知的な形をとったりすることもあった……。

とはいえ、いずれの場合にも共通する特徴はあった。敗者は死なねばならなかったのである。……このところ伝説には甘味料たっぷりの解釈がほどこされてはいるが、アイゲウスが波間に身を投じたのは、テセウスがミノタウロスに対する企てに失敗したと思ったからではない。そうではなくて、それが成功し、結局はテセウスが王権を手に入れることになったからであった。……選ばれた者は、第三の条件を満たさねばならない。彼は、一人の女性と結婚しなければならないのだが、この女性は、生まれつき神秘的な力を持っており、その力は、王の血統をなす神聖な起源にさかのぼるものとなっている。この女性は、原則としては王の娘である。より厳密にいえば、王妃の娘か、かつて王が同じ条件のもとで結婚をしていた女性の娘かが、これにあたる。……したがって、最も合法的な継承は義父から婿へというものであり、通常は婿が、その義父の殺人者となっていたのである……。

支配の頻繁な交代、外国の王子のたび重なる受け入れ、それらは理論的に考えれば、公務処理を安定させるようなものでなかったことは明らかだ。しかし、実際上では、政治的要請、野心、人々の利己主義といったものが、しばしば理論的規則を修正することになるのも世の常と考えられよう。……そこには、少しばかりの創意があれば十分であったのだ。たとえば、同じ一族の二つの家系が、代わるがわる地位についていた。テュエステスの息子であるアイギストスは、アトレウスの息子であるアガメムノンにとって代わることができ、そのアガメムノンの息子であるオレステスは、今度はアイギストスの跡を継ぐことができた。ホメロスやアイスキュロスの後、われわれがアトレウスの子孫たちの悲劇と呼ぶところのものは、おそらく、ペロピダイ王朝を玉座につけておくためにはじき出された、親しく堅固な家系的合意でしかなかったのである……。

アトレウスの息子たちの悲劇は好例となる。……オイディプスの伝説は、さらにはっきりとして意味深い、もう一つの例である。……この神話の独創的なところは、オイディプスがライオスとイオカステとの息子であるという事実の内にある。もっと厳密に言えば、彼が息子であることを明かされるという事実の内にあるのだ。今われわれに伝わってきている物語の形式では、息子であることが明かされるのは、オイディプスの無知の原因として、また、彼の罪の弁解としてである。だが実際には、古い神話においては、オイディプスはいかなる罪をも犯してはいないし、いかなる汚れをも受けてはいない。〈なぜなら、彼はすでに、その身の上を知らされていたからである。〉では一体、身の上を明かす儀式とは何であるのか。それは追放の儀式であり、それによって身の上を明かされた息子は、自分の家系からも自分の町からも抹殺されてしまう。……キタイロンの山上で身の上を明かされたオイディプスは、ライオスとイオカステとの息子ではなくなってしまっていたのである。……彼は本来ならば、すべての儀式をこなして、テバイの王座につくこともできたはずだ。……そしてまた、テバイの王と王妃との息子が、やがて王のしもべたちに引き取られ、コリントスの王と王妃に預けられ、そのそばで自分のおいたちと身分とにふさわしい教育を受けるというのも、おそらく、偶然のことではなかっただろう。まさしくこれこそは、隣り合った友人の君主間で、相続規則を順送りにし、王権を自分たちの息子にしか譲らぬよう平等に定められた、たがいに負うべき務めなのである。

ミロー『ホメーロスの詩とギリシャ史』より

＊Mireaux: *Les Poèmes homériques et l'histoire grecque*, 1944, Albin Michel, t. II, ch. 6.

38　立法者の実際的規則と状況の組織化

　ほとんどの制度は、不動の実在だと考えられてはいない。それらは変遷するし、時間のなかで展開する。特に、その始まりと終わりとは検討してしかるべきものである。たとえば、結婚と離婚、共同体の開始と解散、義務の形成と消滅というように。しばしば法は、一連の事実や行為の全体を対象とすることもある。後見ということを例にとれば、後見人の指名、封印の解除、目録の作成と終了などがそれにあたるものだ。……始まりと終わり同様、これらの事実や行為もまた、その当時に重視されていた制度との関係によってしか理解しえない……。

〈さまざまな出来事〉がこうした考えを示している。……出来事のなかには、実際には、制度の通常の発達に関わるものがあるとともに、それとはまた別の、起こるかもしれない出来事や起こりそうにない出来事などもある。……一三〇二条は、偶発的な出来事を、つまり出来事という言葉の最も一般的な意味における出来事を予測している。すなわち、「義務の対象となっていた或る特定の集団が、たまたま消滅するようなことになれば」という具合に。……だが、こうした場合においてさえ、その一つ、もしくは複数の該当する出来事は、制度との関係においてこそ出来事なのだということを明記しておかねばならない。或る集団の消滅は、その集団に課された義務が存在しているということによってしか、法的意味を持たないのである。……偶発事が考慮されていることからすれば、立法者が制度について作り上げた考えは首尾よく表明されているわけだ。

このことは、事実の限りない多様性のすべてに法的な影響力がゆきわたっている、などということを意味してはいない。……立法者は、自分には現実の多様性を十分細かく把握することは不可能であるし、だからこそ状況の評価は、裁判官の賢明なさばきに委ねているのだ、という感情を持ち続けている。……ともあれ、立法者の態度において特徴的なことは、自分が諸事実の限りない多様性を考慮に入れて保持しているというようなことではなく、むしろ自制心を持ち、自分の作りあげたもののなかに、ある種の事実や状況を取り入れているということである。

J・レー『フランス民法の論理的構造についての試論』より

*J. Ray: *Essai sur la structure logique du Code civil français*, 1926, Alcan, pp. 147–153.

5　技術、芸術、遊戯

技術

39　作られた道具と身体組織

われわれの先祖である猿人たちの身振りの上に、遅めの春がやってきたかのごとく、ついに知性が現れてくると、そこで初めて人間は、己の意志で計画することによって、どうすれば自己身体の手足に、超＝身体的な手足をつけ加えることができ、そして、どうすれば脊椎哺乳動物であるばかりではなく、さらに〈機械化（machiné）した脊椎哺乳動物にもなれるのか、ということを知ったのである……。

人間は、単にその父母の子供であるばかりではなく、彼らが生まれ育った時代の機械科学の状態にもとづく諸制度の産物でもある。われわれを現在のような姿にしたのは、こうした諸制度なのだ。われわれは犂やショベルや船の子供であり、自由の息子であり、出版物が普及させてきたよりもさらに広い知識の息子でもある。先祖たちは、彼らがすでに持っていた手足に、それらの道具をつけ加えてきた。そうした新たな手足は自然淘汰を通じて存続し、人間社会に欠かせぬ構成要素となってきたのである……。

　多様な人種を区分する主なものは、黒人諸部族、〔カフカス北部の〕チェルケス人、マレー人、アメリカ原住民などの間に求めるべきではなく、むしろ、金持ちと貧乏人との間に求めるべきである。この二つの人種に見られる身体組織の差異は、いわゆる人種の類型間にある差異よりもはるかに大きい。金持ちの人間は、ここから英国へと、行きたくなればいつでも行ける。それに対し、もう一方の人間の脚は、目に見えぬ運命にしばられて、彼らを一定の狭い範囲を越えて運んでいくことができない。……自分の身体に、いずれかの太平洋航路客船会社の一船室をつけ加えられる人は、それができない人よりも、はるかに高度な身体組織にめぐまれているのである。……見事にあつらえられた一揃の手足を持つのは、大金持ちの人間でしかない。われわれは、この上ない科学的厳密さをもって断言することができるのだが、知られうる限り最も驚くべき〈身体＝組《オルガニズ》織《ム》〉となっているのは、かのロットシルド〔＝ロスチャイルド〕家の人々にほかならない。

バトラー『手帳——ルクブラティオ・エブリア』より

＊Butler: *Carnets*, 《*Lucubratio ebria*》, 1865, trad. Valery-Larbaud, N. R. F., pp. 69-72.

40　作られた道具と制度

タイラーは言っている。民族学者にとって「弓矢は一つの種を形作っている。子供たちの頭蓋を変形させる風習も、数を一〇ごとに区分する習慣も種なのだ。こうした対象の地理的分布や、地域から地域への伝播は、自然科学者が動物種や植物種の地理的分布を調べるのと同じやり方で研究されねばならない」。だがまた、こうした類似ほど危険なものはない。なぜなら、たとえ遺伝学の進歩によって、種の観念が決定的にのり越えられるようなことになろうとも、自然科学者にとって、これまで実際にこの観念を有効なものとしてきたし、今なお有効なものとしているところのものは、馬はまちがいなく馬を産むという事実であり、幾世代をも通じて、エクウス・カバルスはヒッパリオン〔中新世から更新世にかけて棲息していた三趾の馬〕の実質的な後裔になっているという事実であるからだ。自然科学者の再構成の歴史的有効性は、最終的には、生殖という生物学的絆によって保証されている。これに対して、斧は決して斧を生むわけではない。二つの同じ道具の間、あるいは、異なっていながら、形はどこまでもよく似ている二つの道具の間には、根本的な不連続性が存在しているし、これからも存在し続けることだろう。これは、一方が他方から生じたものではなく、双方がともに一つの表象体系から生じているのだという事実によるものである。したがって、ヨーロッパのフォークと、人を食らう卓で儀式的に使われるポリネシアのフォークとは一つの種をなしてはいないし、客がカフェテラスでレモネードを飲む時のストローもまた、マテ茶を飲むための「ボンビラ」とも、南米のいくつかの部族で呪術的な理由から用いられている飲用の管とも、やはり一つの種をなしはしないのである。

レヴィ＝ストロース「歴史学と民族学」より

＊Lévi-Strauss : *Histoire et ethnologie*, *Revue de Métaphysique et de Morale*, 1949, pp. 366–367.〔「歴史学と民族学」、『構造人類学』（荒川幾男他訳、みすず書房、一九七二年）所収〕

41　有機組織的な道具と生体

生物は、自分たちの多様性に見合った豊富な道具を備えている。それらは構造や機能によって、製作された道具とよく似たところを持っている。そうした道具とまったく同様に、自然の道具もまた独自の因果性を持ち、自分の性質や、独自性の要求にかなった活動をするのである。魚や虫の発光は、その種に応じ、輝きの強度も色調も変化する。化学的に生じる光源と、レンズと、黒い層をしきつめた反射鏡とを合わせもつこの装置は、かくして光学法則に合致することになる。バッタのヴァイオリンも、単純ではあるが、振動弦の要求にこたえている。魚の発電器官は、化学反応によって電流を生む。……（フック、釣針、鉤、錨、四爪アンカー、ケーブル、固定環、吸盤、接着剤、スナップ）などのあらゆる〈ひっかけ〉システムは、人間の産業においても繰り返し用いられている。パラシュート、グライダー、浮き、潜水具などは、その他の同じように製作された道具とともに、物理学的もしくは力学的な諸原理に厳密にしたがっているのである……。

だが、自然の道具と製作された道具との本質的な違いも際立ってこよう。後者は、それを作る人間の外部にある。彼は、使用可能なさまざまの材料を用いて作るが、材料が自由であるのに加えて、形態も、製作期間も自由なのだ。この道具は人間の意志によって動かされ、なされる作業の質は、職人あるいは芸術家の力量によって決まってくる。こうした道具もしくは器具の固有の作用には、さらに高度な効果が積み重ねられるにちがいない。この効果は、その道具の本質そのものを深く尊重することによって、当の効果を働かせる立場と密接に関わっている。初心者はヴァイオリンをきしませるが、名手は技術によってそれをすすり泣かせるのだ……。

既知のケースの大半では、道具は動物に不可欠の構成要素となっている。それはその動物に固有の実質によって作り上げられたものであり、したがって、その最初の用途からは逸脱している。発電器官は、特別な分化をとげた筋肉以外の何ものでもない。頭部もしくは腹部の腺、上皮細胞、変化をうけた脂肪分の依存関係、それらは生体発光の根拠なのだ。……自然の道具は、その道具を動かす原因と切り離せない。自律的であり、筋肉や神経系による一つの全体を形づくっており、それらの相互依存関係のもとに、こうした道具は存在しているのである。生じてくる効果の質を見積もることも、なされる作業を、さまざまな動物における同じような道具と比較することも、ほとんどできない。……雌コオロギは、周囲の雄コオロギとは違う鳴きごえを出しているだろうか。人間はただ、動物の反応速度をつきとめることができるだけである。的確な刺激と充足すべき欲求とが一つの反応をひき起こすのだが、この反応のすばやさが、行動の実験研究において用いられる価値基準となるのである。

アンドレ・テトリ『生物における道具』より

*Andrée Tétry: *Les outils chez les êtres vivants*, 1948, N. R. F., pp. 298-309.

42　有機組織的な道具と本能

知性的でない動物もまた、道具や機械を備えているだろうか。たしかに備えてはいるが、ここでは道具は、それを使う身体の一部となっている。また、この道具に対応して、それを使うことのできる〈本能〉が存在している。おそらく、あらゆる本能は、生得的なメカニズムを使用する自然的な能力から成り立っていると言うわけにはいかないだろうが。……しかし、本能のこの定義は、われわれが知性に対して暫定的に与える定義と同じく、少なくとも、定義される対象のきわめて多くの形態が向かっていく理想的極限を規定するものではある。しばしば指摘されてきたように、本能の大部分は、有機組織の作用そのものの延長か、あるいはさらに、その完成となっている。本能の活動はどこで始まるのか。自然の活動はどこで終わるのか。誰もそれを言うことはできまい。……本能が、これから使おうとする道具類を組織するのだとも言えようし、有機組織が、器官を使わねばならない本能の内にまで延長されるのだとも言えよう。虫に見られる最も素晴らしい本能も、その特殊な構造を運動へと発展させるにすぎない。その結果、社会生活のために作業が個体間に分割され、そうして彼らにさまざまな本能が課せられるところでは、それに応じた構造上の差異も観察されるようになる。アリ、ミツバチ、スズメバチ、特定の擬脈翅類などの多形性は周知の事実である。したがって、知性なり本能なりが完全に勝利をおさめているような極限的ケースのみを考慮するならば、両者間には本質的な差異が認められることになる。すなわち、〈完全な本能とは、有機的な道具を使い、さらには作成しさえする能力であり、完全な知性とは、非有機的な道具を作成し使用する能力なのである。〉

ベルクソン『創造的進化』より

＊Bergson : *L'évolution créatrice*, 1907, P. U. F., 62e édition, pp. 140–141.〔『創造的進化』真方敬道訳、岩波文庫、一九七九年／『創造的進化』合田正人他訳、ちくま学芸文庫、二〇一〇年／他〕

43　高等なサル——道具の作成、既成の道具の使用

われわれは、当初は状況にあまり適合していなかった道具に、その道具を使えるようにするための「準備」加工をほどこす全ての補助的行為を、道具の準備と見なすことにする。……〈最初は一つの全体として与えられていた木〉から一本の枝をもぎ取ることは、単なる一本の棒を使うよりも高度な活動であることを示している。……動物たち自身が、そのやり方に変化をつけ、しばしば、似通ってはいるが思いもかけぬような解決をもたらしてくれる。なかなか棒が見つからないと、少しほどけた金網の断片に注意を向ける姿が見うけられる。……彼らにもっと頻繁に起こったことは、同じような状況で、箱や板の所へ行き、手や石や歯で木片をはがし、それを棒として用いようとしたことである……。

経験の浅い観察者は、たとえば、チンパンジーたちが梯子を使うのを見れば、この動物の発達程度や知性の程度にも、また、彼らが人間の道具を使用することにも驚いてしまうだろう。だがそうではない。正確にいえば彼らは「梯子」を使いはしない。この時の梯子は、人間に対してこの言葉が持つような意味も、〈一種の（静力学的な）機能〉も、特定の〈形態〉も持ってはいないのである。一般的に、事物の大まかな全体的性質や、最も単純な機能しか見ないチンパンジーにとって、梯子は、同じようなやり方で使

用する丈夫な板や、竿や、木の枝に比べ、とりたててどうということもないものなのだ。……チンパンジーにとっての登り棒は、きっと、ほとんどの人間にとっては取るに足りない道具でしかあるまい。だが、おそらくチンパンジーにとっては、梯子よりも使いやすく優れていることだろう。したがって、人間との類似性は、目安にはなりえないのである。

こういうわけで、われわれは常に、動物が物を使用する時の〈機能〉から出発しなければならない。この機能によってこそ、そこに本当に彼が見抜いているものが理解されるのだ。……状況の構成要素として、複雑な機能をもった人間の道具などは用いず、ただ、ごく単純な機能的性質しか持っていない最も素朴な自然の道具のみを用いるならば、実験はさらに明確で、さらに実り多いものとなるだろう。

ケーラー『類人猿の知恵試験』より

＊Koehler : *L'intelligence des Singes supérieurs*, trad. par Guillaume du livre de Koehler, 1921, Alcan, pp. 95–156.〔『類人猿の知恵試験』宮孝一訳、岩波書店、一九六二年〕

これらの実験においては、ケーラーが知性に与えた基準が想起されよう。すなわち、プロセスを断片へと客観的に分解することは、構成部分を示すことにほかならず、このような構成部分は「バラバラにとらえられれば、課題に対する意味を剝奪されていることになるが、全体的なプロセスのなかで考えられるならば、一つの意味を持つことになるのである。」

遊戯から芸術へ

44　遊戯と本能

本能が姿を現すのは、どうやら、動物がそれを本当に必要とする年齢になってからのようである。……さもなければ、つまり、もしも〈若年期遊戯〉というものがなければ、一体どのような結論になるのだろう。その場合には、本能は明らかに、きわめて微細な部分にいたるまで出来上がっているのでなければなるまい。なぜなら、本能が表面的で、不備で、そのために不完全でしかないとすれば、遊戯をしない動物は、準備もなく生存競争のなかに入ることになるからだ。たとえば、もはや親たちから餌を与えられず、獲物に跳びかかって捕まえる練習もせぬままに食物を探さねばならなくなったトラは、みじめに死んでゆくに違いない。たしかに、彼は、漠然とした本能を受け継いではいようが、身体的にも知的にも不器用なのだから、獲物はやすやすと彼の手から逃げてしまうことになる。遊戯による下準備がないのであれば、やはり本能は、完全に作り上げられている必要があるだろう。……その場合には、高度に発達した知性などというものは、果たしてどこに残っていることになるのか。……有機的な世界の進化が高まって、かなりの所にまで達し、知性がただの本能よりもうまく機能するようになると、受け継がれた活動は、完全性の一部を失い、次第に個体的な経験にとって代わられるようになる。しかし、〈それが可能になるためには、動物の若年期遊戯がなければならない〉。この遊戯のみが、ある時点で、本能に匹敵するような完璧さをもたらすことができるのである。このようにして自然淘汰は、若年期遊戯によって、ゲーテが語った意味深長な言葉を実現することになる。「きみが両親から受け継いだものを、あらためて自家薬籠中のものとしたまえ」……。

ここに、〈若年期は遊戯のためにある〉のではないか、という考えも生まれてこよう。ただしその場合には、かつて言われていたのとは逆の物言いが必要となるだろう。すなわち、動物たちは若くて陽気だから遊戯をするというのではなく、〈動物たちは、遊戯ができるように、若年期を持つのだ〉と。

グルース『動物の遊戯』より

＊Groos: *Les jeux des animaux*, 1896, trad. fr. Alcan, pp. 67–69.

45　遊戯と制度

通常、子供は遊びすぎるほど遊ぶと言われる。だが、もしも子供が、自分の食料は自分で手に入れねばならないということにでもなれば、彼は成長法則にしたがって、与えるよりも多くを受けるという状態に置かれ、おそらくは、他の誰よりも遊ばなくなるだろう。実際には、子供は他人の労働によって養われているのである。彼はまた長期にわたって、現実の労働の場から遠ざけられてさえいる。人間がネズミやウサギのようなみじめな条件に置かれれば、まずは目に見えて遊戯が失われてゆくに違いない。戯れる子猫は、母猫に養われているばかりではなく、人間にも養われている。野生動物の遊戯にも、恐れや怒りを識別することはできない。つまるところ、遊戯は自然のものであるよりもむしろ制度であるのだろう。

自然の中にあるものは怒りであるが、遊ぶすべを知らない孤立した子供には、すぐさまその影響があらわれる。実を言えば、遊戯は退屈の治療薬というよりもむしろ、怒りの治療薬なのだ。……

演奏する者は誓いを立てたも同然である。……次第に難しくなる試みを繰りかえしながら、たった一つの間違いをしても、ためらいもなく、文句も言わず、すべてをやり直すような少女を眺めるのは快いものだ。このように人間には、習熟を必要とする遊戯において、早くも、自分自身との折り合いに悩み、自己に打ち克とうと懸命になるところが見うけられる。人は年齢とともに、まずは道徳問題や政治問題に向かうが、このことは注目にあたいしよう。たしかに遊戯には、外部の必要性が常にわれわれの計画を左右するという考えや、従順さに疑いをはさむといった重要な考えが欠けている。だが逆にいえば、労働の側にも、もう一方の考え方が欠けていよう。それは、人間にとっての緊急事は自己の身を律することであり、結局、原理的には少しも実行する必要はないにせよ、やはり有益な行為があるのだという考えである。遊戯には、誓約の力と、制度に固有の手堅さとが感じられる。したがって政治にとってはおそらく、労働から学ぶことに優るとも劣らず、遊戯から学ぶことがあるだろう。

アラン『思想と年齢』より

＊Alain : *Les Idées et les Ages*, 1927, N. R. F., t. II, pp. 185–196.〔『思想と年齢』原亨吉訳、角川文庫、一九五五年〕

46　本能的な生活と美

動物の心的能力のなかには、生物学的起源でないもの、つまり、個体や種を維持するという動物生活の基本原理から派生していないものは、何ひとつ存在しない。それは愛情においても、感情においても、感覚＝運動法則においても同様である。

だが、生体の主要特徴に関する研究で、私は、生命が見出される所ならばどこでも、目的論原理とは通約不可能な現象が観察されることに気がついた。木々は必要以上の葉をつける。植物界ではいたる所に、驚くほどの形態の豊かさ、豪華さ、さらには浅薄さまでが姿を見せており、福音書の野のユリが、美しさにおいて王の衣服の栄華にまさるものとして示されているのは、まことに理にかなったことなのだ。実際、豪奢な花々に受精装置しか見ないのは、道理をわきまえぬわざと言うべきであるだろう。

動物界においてもまた、この豪華さは見られ、それは軽薄さとさえ言うことができる。動物の生理機能は、多くのメカニズムに関わりながらも、乳酸の個々の分子を節約する以外の目的をもってはいない。しかし、この同じ動物が、遊戯をし、無用な動きをすることによって、大量の重要物質を浪費する。小鳥は、ダーウィンの異性選択理論で認められているよりもはるかに多くの囀りをするのである。このように、有機組織を持つ全自然は、個々の目的よりも高みに昇ろうとする傾向性を秘めている。しかしながら、そこに豪華さ・美・喜び・自由・純粋な愛などの原理が表現されているとは言っても、動物の本性においては、さまざまな現象であるもののイメージに過ぎず、それらは人間生活においてのみ、初めて真実の存在となるのである。

ボイテンディク「人間と動物における心的機能の本質的な相違」より

＊Buytendijk: *Les différences essentielles des fonctions psychiques de l'homme et des animaux*, 1930, dans《*Vues sur la psychologie animale*》, Vrin, pp. 75–76.

47　芸術と制度

かつて、芸術と生活との一致が明白な形で示されたことがあるとすれば、それはギリシャ彫刻史においてであった。大理石やブロンズの人間を作るために、彼らはまず生身の人間を作ったのであり、そのようにして彼らのもとでは、完全な身体を形成する制度と同時に、偉大なる彫刻が発達する……。

この両者がそろって現れるのは七世紀の前半である。……当時、舞踏法と体育とが、よく整備された制度となった。私生活全体が儀式によって、また快楽によって、人間を作るのに貢献した。しかも、言葉の最も美しい意味において、また、完全な品位をもって、今日われわれが歌手・役者・モデル・俳優と呼ぶ人々を作り上げるのに貢献したのだった。公的生活も同じ結果を求めて協力した。ギリシャにおいて舞踏法は、死者をたたえたり勝利者を祝ったりするために、平和時にも戦時にも、宗教にも政治にも介入していた……。

そこからして、このような文化が人体を表現する諸芸術にもたらしうるものは、容易に察しがつく。それは、合唱を用いて人間を形成し、態度・所作・彫刻的行為を教え、彼を、動く浅浮き彫りの集団のなかに入れる。文化全体は、彼が自発的な俳優になるために用いられるのである。そしてこの俳優は、おのずから楽しむために巧みに演じ、みずからの鑑賞に自己を供し、役者の動きやダンサーの所作のなかに、市民としての誇り・真面目さ・自由・素朴な品位といったものを身につけることになる。舞踏法は彫刻に、その姿勢・動き・衣服のひだ・群像といったものをもたらした。パルテノン神殿のフリーズは、パンアテナイア祭の行列をモチーフにしており、ピュリケーの剣舞は、フィガリーやビュドランの彫刻を暗示してきたのである。

テーヌ『芸術哲学』より

＊Taine : *Philosophie de l'Art*, 1881, Hachette, t. II, pp. 166–182.

6　本能と知性

起源の観点から

48　本能は完成に向かう──小さな変化

もしも本能が、わずかでも変化するということを証明できるならば、この変化が個体の利益となりうる限り、自然淘汰が本能の変化をたえまなく保持したり蓄積したりするかもしれないということを認めるのに、何の難しさもありはしない。私の考えでは、きわめて複雑で驚異的な本能も、このようにして生じてきたのである。……したがってわれわれは、身体構造の場合と同じく、自然のなかには、現在の複雑な本能にまで至った過渡的な諸段階そのものを見ようとしてはならず──それらは、それぞれの種の直系の祖先においてのみ出会えるものだから──、傍系の子孫系列において、このような過渡的状態のいくつかの痕跡を見出さねばならない……。

ミツバチのいかにも完璧な房室とマルハナバチのきわめて単純な房室との間には、中間的な段階として、メキシコのハリナシミツバチの房室が位置することになる。……かなり当たっていそうな仮定だが、蜂蜜の量が、その地方に生存するマルハナバチのおおよその数を決定すると仮定しよう。さらにまた、冬を越そうとしているその集団では、自己維持のために蜂蜜のたくわえが欠かせないと仮定してみよう。そうすれば、本能の小さな変更によって、個々の房室が近づけられ、互いに交差するようになったのも、どうやらマルハナバチにとっては非常に好都合であったらしいことが分かってくる。なぜなら、それによって一枚の共通のしきり壁が隣接した二つの房室に役立つからであり、作業と蜜蠟の節約になっているからである。マルハナバチが房室を近づけ、さらに規則的にすることによって、それらをハリナシミツバチのように一つの塊に凝集させれば、利点はいっそう増大するだろう。そうなれば、それぞれの房室の境界になるしきり壁のもっと多くの部分が、隣接する房室の役に立ち、作業と蜜蠟とのさらに多量の節約ができるからである。これと同様に、ハリナシミツバチにとっても、房室をいっそう引き締め、現在よりも規則正しい形にすれば、ますます有利になるだろう。そうすれば球状の表面はなくなり、平面で置き換えられ、ハリナシミツバチの房室はミツバチのものと同じほど完全になると思われるからである……。

本能の起源に関する上記の仮説に対し、次のような反論がなされてきた。すなわち「構造の変化と本能の変化とは同時的であり、互いにぴたりと適合していたにちがいない。なぜなら、一方におけるどのような変化に対しても、もう一方におけるそれに即応した変化の生じないものは、致命的となっただろうからだ」と。この反論の力は、構造の変化であれ本能の変化であれ、そうした変化が急に起こったという憶測に完全に依拠している。……また他方では、自然淘汰説を確固たるものにしてゆくような数々の重要な事実がある。それには、本能は常に完全なものではなく、時には、あやまりを犯しがちであるという事実、――また、ある種の動物は、しばしば他の動物の本能をうまく利用するとはいえ、いかなる本能も、他の動物を利するために生じたのではないという事実――さらにまた、本能にも身体構造にもあてはまる「自然は飛躍しない（Natura non facit saltum）」という原則は、先ほど述べた理論によって説明がつき、さもなければ不可解なままであるという事実などがあげられよう。

ダーウィン『種の起源』より

＊Darwin: *L'origine des espèces*, 1859, trad. fr., Reinwald, pp. 278-314.〔『種の起源』八杉龍一訳、岩波文庫、一九九〇年／『種の起源』渡辺政隆訳、光文社古典新訳文庫、二〇〇九年／他〕

49　本能は完成に向かう――知的な習得

私がこれまで示そうとしてきたことは、本能の起源には〈一次的な〉ものも〈二次的な〉ものもあるということだ。言いかえるならば、本能は、はっきりとした目的のない習慣が自然淘汰によって固定されるところから生まれる場合と……、もとは知的な習慣だったものが反復されて自動行為に変化するところから生まれる場合とがあり、私には、それを明らかにしてくれる多くの事実があるように思われたのである。一次的な本能の例としては、孵化が挙げられる。二次的な本能の例としては、「実践によって補完される」ようなさまざまなケースが挙げられる。知的順応というものも、頻繁にくり返されれば個体において自動的になり、やがて遺伝的に継承されて種における自動的習慣となる。……しかし、本能は必ずしも、自然淘汰か知性の衰退か、といった原初的な二様式のどちらか一方から生まれるとは限らない。両様式が協力することもありえよう。すなわち一方では、けっして知的ではないにもかかわらず有用なので、自然淘汰によって最初から決定されていた遺伝的傾向もしくは習慣的行為が、その後のさまざまな改良のための対象となったり知性によって最大限に利用されたりすることもあるし、その反対に他方では、もとは知性の衰退からくる順応であっても、それが大幅に改良されたり、自然淘汰によって最大限に利用されたりすることもありえるのだ。……知性と淘汰との結びついた影響から、本能は大きな変化をこうむることになるわけだが、その最良の例は、動物を飼い馴らす時に見受けられる。

ロマネス『動物における心の進化』より

*Romanes : *L'évolution mentale chez les animaux*, 1884, trad. fr., Reinwald, pp. 271-274.

50 本能は即座に完璧なものとなる

虫の心的現象においては、まったく異なった二つの領分を区別しておかねばならない。その一つは、本来の意味での〈本能〉、すなわち、この虫が工芸において最も見事なものを完成させるように差配する無意識的な衝動である。そこでは、経験も模倣もまるで出る幕はなく、本能は有無を言わせず掟を課してくる。……こうした能力は、能力としては最初から完全なものであり、さもなければ、子孫はできなくなるだろう。時はそこに何もつけ加えず、そこから何も取り去ることがない。本能は、特定の種に対し、かつてあった通りに、現在もあり、今後もそのままにとどまることだろう。これはおそらく、何よりも最も固定した動物学的性質なのである……。

けれども、このように融通がきかず自覚もない知識をもった純粋本能は、それだけであればこの虫を、状況との果てしない軋轢のなかで、お手上げの状態にしてしまうことだろう。時間における二つの瞬間は同じものではない。基本は同じであっても付随的なものは変化し、思いがけないことが至るところで起こってくる。そのような混乱した状態では、探し、受け入れ、拒み、選び、ある物を好み、別の物を軽んじ、つまるところ、機会が与えてくれる利用可能なものを利用するためには、一つの指針が必要だ。この指針を、虫は確実に持っている。それも、きわめてはっきりした程度に。これこそが、虫の心的現象の第二の領域である。そこでは虫は意識的であり、経験による改善も可能となる。この初歩的な能力に知性という名はおこがましく、あえてそう呼ぶのはひかえ、私はそれを〈識別力〉と名づけよう……。

ルリジガバチは、初めからやわらかい泥で房室をつくる。これが、この職人に特有の変わらぬ本能である。彼はいつもそのように作ってきたし、今後もずっとそうしていくことだろう。幾世紀がすぎても、彼には何も会得することはあるまい。生存競争も淘汰も、けっして彼に、ヌリハナバチを模倣させ、乾いた粉を集めさせて漆喰をつくらせることはないだろう。この泥の巣には、雨よけが必要である。最初は、岩の下の隠れ場所で十分だ。しかし、もう少し良いところを見つければ、この陶工はそこを占領し、人間の住まいのなかに居座ることになる。これが識別力であり、改善可能性のみなもとなのである……。

虫の住みつく場所にさまざまな変化があることは、識別力による特定の選択があることをおおいに裏づけるものだが、この変化がそれに対応する房室建築術の変化を伴うと、さらに注目すべきものとなる。……虫の能力も狭い範囲内では、いくらかの柔軟性をもっている。その工芸によって、ある時点でわれわれに知られるものは、常にその虫の技量の全幅であるとは限らない。彼の内には、特別の場合のために取っておかれた潜在的な能力がある。この能力は、長い世代にわたって使われぬままに継承されることもあるが、しかるべき状況となれば、予備的な試みをも必要とせぬままに、突然それらの能力が姿をあらわし、小石のなかに潜在的に含まれていた火花が、それ以前の微光とは何の関係もなく、ほとばしり出るのである。屋根瓦の下にあるスズメの巣しか知らぬ者が、梢にかかる丸い巣を予測できるだろうか。ツツハナバチの螺旋状の館しか知らぬ者が、このハチが、葦の先や、紙筒や、ガラス管を住まいにすることなど予想できるだろうか。ふとしたはずみで、屋根を離れてプラタナスに行くことを思いつくわが隣人のスズメ、生まれついての螺旋状の住まいを見捨てて私のつくった円筒にやってくるツツハナバチ、それらは共に、動物の工芸的な変化がいかに突発的で自発的なものであるかを、われわれに示しているのである。

J・H・ファーブル『昆虫記』より

＊Fabre : *Souvenirs entomologiques*, 1920, Delagrave, t. IV, pp. 65–78.〔『完訳ファーブル昆虫記』奥本大三郎訳、集英社、二〇〇五年／『ファーブル昆虫記』山田吉彦・林達夫訳、岩波文庫、一九九三年／他〕

51　本能はおおよそ完璧なものだが、それぞれの流儀があり、知的でもなければ、完全に理解可能なものでもない

各種の膜翅目における同じ本能の多様な姿を、実際に、互いに比較してみよう。われわれの印象は、必ずしも、さまざまな要素が次々に加わって複雑をきわめていくという印象ではないし、あるいは、階梯にそって並べられたような一連の装置の上昇という印象でもない。

とにかく多くの場合、われわれはむしろ円周を思いうかべ、この円周上のさまざまな地点から多様な変種が出てきたのだろうと考えるのである。すべての変種は同じ中心を見つめ、すべてがその方向で努力しているが、それぞれは、それらの手段に応じてしか、また、中心がそれぞれの変種にとって明らかになる限りでしか、中心に近づくことができない。言いかえれば、本能はどこにおいても完全なものだが、多かれ少なかれ単純化されており、とりわけ〈さまざまな形で〉単純化されているのである……。

科学が本能を「複合反射」と見るにせよ、知的に習得された後で自動化した習慣と見るにせよ、はたまた、淘汰によって蓄積され固定された小さな偶発的利点の総和と見るにせよ、いずれにしても科学は、本能を、知的な歩みに解消してしまったり、われわれの知性が組みあわせていくような個々の部品からできあがっている装置に解消してしま

ったりする。私は科学に、そこで身の程をわきまえてもらいたいと思う。科学は、対象の真の分析をする代わりに、この対象を知性の用語に翻訳してわれわれに与えるのである。だが、その科学が哲学に対し、事物を別の側面からとらえるようにと促していることに、どうして気づかずにいられるだろうか。……生物学の最も明らかな成果の一つは、進化がさまざまに分岐する線にそって生じてきた事実を示したことであった。われわれが知性と本能とを、ほぼ純粋な二つの形として認めるのは、そうした二つの線――主要な二つの線――の末端においてである。それなのに、どうして本能が知的要素に解消されようか。どうして完全に理解可能な用語で表されようか。……知性は何よりもまず、空間内の一点を、空間内の他の一点に、ある物質的対象を、もう一つの物質的対象に関係させる能力である。知性はすべての事物に適用されるが、いつもその事物の外側にとどまっており、深い原因に関しても、それが並置された結果のなかに拡散しているところしか、決して見ることはない。アオムシの神経系の発生過程に表れる力がいかなるものであろうとも、われわれの目や知性をもってしては、神経や神経中枢の並置としてしかそれに達することはできないのである。たしかに、われわれはそのようにして、あらゆる外的な結果にはたどりつく。ジガバチならば、それについてはおそらくわずかなことしか、自分の利害にかかわることしかとらえないだろう。それでもジガバチは、認識過程によるのとはまったく別の、〈〈表象される〉よりもむしろ〈体験される〉〉直観によって、内側からその結果をとらえている。この直観は、われわれ人間においては、おそらく予知的共感と呼ばれるものに似ているのであろう。

ベルクソン『創造的進化』より

＊Bergson: *L'évolution créatrice*, 1907, P. U. F., 62e édition, pp. 172-176.〔『創造的進化』真方敬道訳、岩波文庫、一九七九年／『創造的進化』合田正人他訳、ちくま学芸文庫、二〇一〇年／他〕

機能的観点から

52　知的であること、それは本能を持つこと

〈本能〉という言葉は、それ自体では、外部からのいかなる影響をも受けずに特定の方向をめざす自発的な衝動の全体を示す以外、どんな基本的な意味をも持ってはいない。そうした原義において、この言葉は明らかに、知的能力なり感情的能力なり、何らかの能力の固有かつ直接的な活動に適用される。何ら教育を受けていなくとも、音楽や絵画や数学などへの卓越した才能を示す人々がいるが、世間が彼らのことを語る際、この本能という言葉を多用するところを見れば、この言葉は、少しも〈知性〉という名称に対立するものではないのである。こうした観点からすれば、明らかに人間にも動物と同じように、あるいはそれ以上に、本能が、いや諸本能がそなわっていることになる。また他方において、個々の状況に応じて行動を変化させる能力――これはまさしく、本来の意味における〈理性〉というものの主要な実際的属性であるのだが――によって〈知性〉を特徴づけてみるならば、この見地からも先ほどと同様に、人間性と動物性との間には、多少とも顕著な程度の差異をおいてほかには、実のところいかなる本質的差異をも立てる理由のないことが、いっそう明らかになってくる。こうした程度の差異という

ものは、本性上あらゆる動物の生活に必然的に共通する能力、また、それなくしては動物の生活が存在すると考えることさえできなくなるような能力の発達のなかに含まれているものである。したがって、人間は〈理性的動物〉であるというあの有名なスコラ哲学的な定義は、まったく無意味になってしまう。なぜなら、どのような動物であれ、とりわけ動物学的階梯の上層部に位置するものであれば、その生体の実際の複雑さに応じ、ある程度までは理性的でなければ生きていけないからである。

A・コント『実証哲学講義』より

＊Comte : *Cours de philosophie positive*, 1842, Schleicher, t. III, 45ᵉ leçon, p. 413.〔「実証哲学」、『世界大思想全集25・26』（石川三四郎訳、春秋社、一九三一年）所収／他〕知的であることは〈過剰な本能〉を持つことである、という考えを展開しているジェームズのテクストを参照されたい（cf. *Précis de Psychologie*, éd. Rivière, pp. 530–531）。

53　知的行動の原理は、本能の諸要素の内にある

虫たちの行為は、自由が完全に奪われていることも、融通がきかないこともありえない。これは、彼らが〈さまざまな条件づけ〉を受けているという事実の、必然的な結果である。虫たちは、別々の側からやってくる諸要求や、すでに自然的な状況のなかで矛盾し合っていることの多い諸要求の間に、一致点を見つけださねばならないのだ。それぞれの行為は、一方で、その虫の現在の発達状態や年齢に見合っていなければならず、他方では、生理学的にあらかじめ形成された全過程の一部分にもなっている。さらに第三番目として、そうした行為の各部分は、まさにその時点でこの虫が置かれている知覚状況にも反応しなければならないのである。虫たちにおける知性のテストは、主としてこれらのさまざまな要求を衝突させてしまうものであり、最良の応答を得るためには、一時的な状況への適応が優先されるようなテストをしてみるのが妥当であろう。見るべき成果をあげたテストについての完備した報告書は、あまり多くはないにせよ、それでもわれわれの手元にいくつかはある。たとえば、膜翅目が土で巣をつくる際の見事な統制は、つとに知られるところである。彼らが孵化の場所に帰ってきた時には、がらんどうになっている巣も、再び食糧や卵で満たされ、壊れていれば修理されるのである。

マチルド・エルツ『動物界における本能と知性との関係』より

＊Mathilde Hertz: *Le rapport de l'instinct et de l'intelligence dans le Règne animal*, 1938, dans《*Conduite, sentiments, pensée des animaux*》, Alcan, p. 28.

54　知的であること、それは理性を持つこと

動物はひたすら経験に忠実であり、さまざまな前例を手本にするだけだ。なぜなら、われわれの判断しうる限り、人間には論証的な学問が可能だが、動物たちは決して必然的命題をつくり上げるには至らないからである。このため、物事を関連づける動物の能力は、どことなく人間の内にある理性よりも劣っている。動物による関連づけは、単純な経験論者による関連づけと似ており、何度か起こった事柄は、同じような刺激が与えられる時には、また起こるだろうとされる。そこに、それが起こるための同じ理由が存在しているかどうかは判断できないままに、彼らはそう思いこむのである。そのおかげで、人間が動物を捕まえるのは容易になるし、単純な経験論者たちは、たわいもなく誤りを犯してしまうことになる。民事問題や軍事問題にありがちなことだが、年齢や経験をつんだ熟練者でさえ、過去の経験に頼りすぎれば、やはりこの誤りを免れない。なぜなら、現代のシカやウサギは、過去の同類たちよりも悪賢くなってなどいないのに、世界は変わり、人々は多くの新しい技術を見出して、はるかに巧妙になっているということが、少しも熟考されていないからである。動物の関連づけは推論の影にすぎない。すなわち、想像物の結合であり、一つのイメージからもう一つのイメージへの移行でしかない。……理性のみが、確実な規則をたてることができ、少しも確実ではなかった規則

に例外を設け、そこに欠けているものを補うことができるのであり、ついには、必然的な結論づけの力の内に確固たる関係を見出すことができるのだ。しばしばこれが、イメージの可感的な関係を体験する必要なしに、出来事を予測する手段を与えてもくれる。動物たちはこの体験に終始しているのであり、したがって、必然的真理の内的原理をみとめる者は、やはり人間と動物とを区別することになるのである。

ライプニッツ『人間知性新論』より

＊Leibniz: *Nouveaux essais sur l'entendement humain*, 1765, Avant-propos.〔『人間知性新論』米山優訳、みすず書房、一九八七年／「人間知性新論」、『ライプニッツ著作集４・５』（谷川多佳子他訳、工作舎、一九九三年）所収／他〕

55　自発的かつ知的な行動の諸原理は、制度化された環境の存在の内にある

種は自分たちの集団的な形態を、自然的必然性にすっかり適応させたらしい。その結果、ミツバチやアリの――コントが言っていたような――社会性は、その生理と一致し、虫の社会は種と一体化するわけで、こうして、自然環境と生物活動とのはざまに新たな環境を設けたり分離したりすることは、この段階で挫折してしまう。……人間においては事情はまったくちがってくる。人間活動は、物質面のみで行われてはいないし、この面の単なる敷き写しではない別の面をもっているという考え方は、多くの宗教的・哲学的・実証的思索において最も中心的な位置を占めている。だが、これらの思索が、多くの重要な点について見解を異にしているために、人間についての合意をきわめて困難なものにしてしまう。……それは、ある意味では、人間は宗教的動物、もしくは精神的動物、もしくは政治的動物であると言うに等しい。これら三つの表現が、三つのやり方で一致して認めていることは、まず、動物性は人間を定義するのに十分ではないということ、次に、人間にとっては、生命や物質的秩序のかたわらに別の生や別の秩序があるということ、そして、人間活動は、こうした別の生や別の秩序にしたがっている限り、物理的世界を支配する諸法則のみに左右されはしないということである……。

動物は、棒でおどされると逃げたり襲いかかってきたりするが、その行動はまるで、打撃から逃れることしか考えていないかのようである。同じような場合、人間にとっては明らかなことだが、危険から逃れるか、それと戦うかの二者択一にはとどまらない。彼には、救うべき顔があり、満足させるべき神聖さがある。起源はどうあれ、自己を律するという共通した性格のさまざまな命令が、生命の必然と、物質的要求と、生体の反応との間に介入してくる限りにおいて、彼は、人間性にあずかり、人間固有の活動にあずかっているのである。

シャルル・ブロンデル「意志」より

＊Ch. Blondel : *Les Volitions*, 1939, dans《*Nouveau Traité de Psychologie*》de Dumas, t. VI, fasc. 3, pp. 320–321.

7　人間と動物

人間にとって動物とは何か

56　制度としての動物園——四つの在り方の法則

歴史上、さまざまな施設が好んで建造されてきたが、文明の第一段階をこえた人々のうちで、その人々を支配する有力者たちの住居のまわりに動物園がつくられなかったためしはない。必要がそれを建てさせ、自尊心がそれを拡張した。

危険な敵に囲まれ、獰猛な動物たちと領土を分けあわざるをえない国民は、狭い平地を耕し、わずかばかりの家畜の群れを集めるしかない。こうした国民が、残忍な戦争と危険な狩りとが次々に絶えまなく続くのを目のあたりにした時、その指導者たちは、すぐれた人間知性を用いて、彼らが飼い慣らした動物たちのなかに有能な助手を見つけださねばならなかった……。彼らは、広い囲いのなかに動物たちをつなぎ、飼育し、世話をした。こうして、必要のなせる業としての最初の動物園が誕生したのである。やがて指導者たちは、実際の権力に、卓越性や力といったもののあらゆる象徴を付加したくなった……。こうした社会の揺籃期には、怪物を退治した者も、敵軍をたおした者と同じく勝利の栄光を受けたものだが、この時に、かの指導者たち……は、おのが勝利の記念碑のかたわらに、調教したライオンやトラを入れる新たな動物園を建設した。このようにして、自尊心もしくは名誉欲とでもいうべきものが、必要によって始められた業をさらに増大させたのである。しかしながら、武器の力は国民を自立させる……。こうして、自在にはたらく想像力は、ふくらみ、活気をおび、己れの力を発揮すること自体によって燃えあがる。好奇心が人間の行為の主因の一つになる。それが科学を改良し……、三番目の種類の動物園は、助手となる動物や獰猛な動物の並びに、珍獣たちを収容することになるのである。

社会の進歩によって、知識・技術・産業・享楽・欲求が増大してくると、そこで初めて有用な動物種を広め、多様な気候に適応させ、改良する、といったことが考えられるようになる。人間の食料や衣料のために、農作業のために、遠方への困難な旅行のために、そして、人間に必要となった物資の輸送のために。この時になると、四番目の種類の動物園は、当然ながら、明らかな利益や公共の美徳のために、家畜、運搬用動物、耕作用動物などの改良に充てられることになる。以上のように、一般に動物園は、狩人＝戦士の必要、支配者の自尊心、学者の好奇心、市民への忠誠といったものによって、いわば、次々と設営されてきたのである。

ラセペード『国立博物館の動物園』より

*Lacépède : *La Ménagerie du Muséum National*, 1804, t. I, pp. 1–6.

57　馴致

　われわれは馴致を自発的な結びつきであると言うが、しかし、それによって馴致が当初から自発的であったことを意味しているわけではない。厳密に言えば、現在飼い慣らされている種も、最初はどのようにして征服されたのか定かではないし、今後もけっして明らかになりはしないだろう。だが、われわれも、人類の運命のなかに、この決定的瞬間を類推してみることはできる。いくつかの種は、今なお半飼育・半野生の状態であるが、人間の帝国は、彼らからつねに異議申し立てを受けながらも、たゆみなく強化されているに違いない……。現在行われている馴致の試みが、すべて拘束と強制の行為から始まるのは周知の事実である。人間は大胆な策略によってゾウさえも鎖につなぎ、ひとたび支配下におくと、それを威圧し、罰し、ついには従順にしてしまうのだ。そのようにして、人間は初めて、野生動物の乳を集めることができたのだった。今日もラップ人は、半飼育状態の雌トナカイを投げ縄であやつることによって、ようやく搾乳している……。カムチャツカの住民たちは、ソリに使う犬を、いわば代々にわたって飼い慣らさねばならない。彼らは子犬たちを、生まれたばかりの時から、母犬とともに深い穴に投げこんでおく。この穴は、旅から帰るごとにそうした犬たちが長期間入れられるところなのだ。

しかしながら、自由意志がこのようにして克服された後には、新たな仕事が始まる。今度は、人間が彼らと和解しなければならないのである……。自分たちよりも下等な動物たちのことには無頓着なこの文明の只中において、あるいは、とりわけ文明と野蛮との境界線上において、そうした群れの番人と動物たちとが、どこまで親密になれるかは誰にも分かってはいない。フィヨルドに住んでトナカイをあやつるラップ人たちについてブレームは言っている。「何たることだ、彼らの生活は。むしろ動物たちの方が彼らを率いているに等しい……。一度も体を洗わず、きわめて粗野な食事をし、そんな生活によって彼らは半ば動物化しているのである。」考えるだに身の毛のよだつような動物とのつきあい方には言及しないでおくが、それは今日でも、ニューカレドニアの未開人たちの間にはよく見かけるものであり、昔のユダヤ人の間に流布していたものである。たしかに、そのようなことが日常茶飯事であったと考える筋合いもないのだが、それでもこうした事実は、人間が動物との生活共同体のためにどれほどの犠牲をはらいつつ、彼らに自分たちの帝国を受けいれさせてきたのかということを示している。人間が、自分たちの社会のそばにすでに存在していた動物の社会を支配できたのは、自分自身がそのなかに優越したメンバーとして入ってゆくという条件下であった……。

重要なのは、まさに相互扶助、すなわち〈部分的な〉相互奉仕である。偶然に一致するだけで、同じものでも対をなすものでもないような二つの機能を、二種類の生物が果たすのだ。……したがって、もしもそれら二つの機能のうちの一方が、その相関的な生活に何らかの発展をもたらすとすれば、たとえば防御力や食料供給力を発達させるとすれば、そしてまた他方が、少しも頭脳活動を試練にかけず、みずから繁殖したり成長したりして食料として供されるだけであるならば、必然的に生体維持機能が知的機能に従属するばかりか、さらには、時とともに両者の差異が増大し、相互扶助も、失われはせぬまでも、隷属関係へと堕することになるだろう。ともあれ、まさにそのようにして人間は、こうした提携とその提携が創り出してくれた余暇とによって、ますます思考を進めることができるようになり、同じ理由から、食料を提供する動物の方は、ますます繁殖し成長するようになってきたのである。結びついた二つの機能は、実際、相互に恩恵を与えあっている。……結局、馴致は相互扶助の行為なのだ。それは、奉仕が、片利共生におけるような一方的なものではなく、相互的になるような社会である。しかし、相関的な生活の両部分に共通するこの機能が、最も複雑な頭脳力の行使を要請することがなければ、奉仕の相互交換も部分的でしかなく、一つの機能としか関わらないために、また、この機能のみが優遇されるために、飼育動物は、そこでは部分的にしか恩恵をこうむることがない。頭脳力の行使があれば、共生機構の総体がそこで全き恩恵をこうむることになるのだが。こういうわけで、われらが奉公人たちは大きく異なった位置を占め、下降する階梯を形づくることになる。その頂上には、人間の友と呼ばれてきた奉公人がおり、下の端には、生きた料理にすぎない動物が位置しているのである。

エスピナス『動物社会』より

＊Espinas : *Des Sociétés animales*, 1877, Alcan, 3ᵉ éd., pp. 137-146.
　動物の有用性としては、これにおとらず大切な、もう一つの儀式的役割があることも忘れてはならない。人間と動物との儀式的な共同体は、「トーテミズム」における食物禁忌に示される（8・フレイザー参照）ばかりではなく、その他さまざまな社会事実のなかにも現れてくる（たとえば、ヴェイレ氏の『動物飼育の地理学』Veyret, *Géographie de l'élevage*, N. R. F. に記述されているマダガスカルにおける動物飼育の儀式的側面を参照）。

58　原料としての動物

人間は変異性というものを定義づけようとはしない。だが実際には、意識されてはいなくても、変異性は、人間がさまざまな生物を新たな生活条件にさらすところから、また、すでに形成されたさまざまな種を交配させるところから生じている。それにしても、ひとたびこの変異性というものが認められるならば、人間は驚異的なことを行うようになるのである……。

ほとんどの場合、新しい形質や古い形質の優越性などは、最初はあまり強調されず、遺伝性の強いものではない。この時にこそ、それがしかるべく淘汰にゆだねられるための困難が見積もられ、さらに、それを登用するのに必要な忍耐・識別力・判断力が推し量られるのである。はっきりと決まった目標を、つねに設定していなければならない。有名な飼育業者たちが、この個体とこの個体とをかけ合わせたいといったそれぞれの動機を語るのを聞いて、私は驚いたものだった。……家畜においては、肉のきめ、脂肪の分布、しもふりの均等な広がり具合、そしてまた、羊の腹部への脂肪の沈着量など、首尾よく望むところが得られてきた……。

淘汰を可能にしているのは変異性なのだ。そしてこの変異性の方は、おもに生活条件の変化に依存しており、大部分が未知のままにとどまるきわめて複雑な諸法則にしたがっている。家畜状態、そして長く続いた家畜状態であっても、少しは変異性のあるのが通例であり、それはガチョウや七面鳥などに見られてきたところである。とはいえ、ほとんどすべての場合において、各個体の内にあるささいな変異であっても、そこに注意深く首尾一貫した淘汰が行われるならば、異なった種を生じるには十分であると考えられる。異なった地域で狩猟用に育てられている追跡犬の間に見られる差異や、これに類するような例は、その証拠になるだろう……。

淘汰の適用にあたり、人間はつねにその効果を極限にまで推進しようとすることに注意しておかねばならない。つまり、有用な性質については、できるだけ速い犬馬や、できるだけ強い動物を欲しがる人間の欲望には限りがないのである。こうした傾向は、鑑賞用動物の飼育者たちにおいて、いっそう顕著となる。モードというのは極端に走りがちだからだ。……淘汰の効果の方には、実際に限りはないのだろうか。ある人々によれば、すでにわれわれの羊の一部では、ひどく体格をそこなってしまうまでに骨が縮小されているらしい。だが、終局にまで達したと断言するのは早計であるだろう。……いずれにせよ、おおむね馴致種が自然種と異なった様相をもつという事実には、なんら驚くべきことはあるまい。人間は、動物に都合のよい変更などは選ばず、自分にとって好都合で有用な変更を選ぶのである。

ダーウィン『家畜・栽培植物の変異』より

＊Darwin: *De la variation des animaux et des plantes à l'état domestique*, 1868, trad. fr., Reinwald, t. II, pp. 185–249.〔「家畜・栽培植物の変異」、『ダーウィン全集4・5』（永野為武他訳、白揚社、一九三八年）所収〕

59　有害動物もまた、馴致された動物となる

人間という種の覇権の確立は、昆虫の型のいかなる後退をもひき起こさなかった。……人間種は、それまでの自然の均衡を破り、たくさんの種類の虫たちに絶好の条件をつくり出したのである。たとえばコロラドハムシは、そもそも、その棲息地で経済的価値のない土着の野生植物を食物としていたのだが、もしも人間がジャガイモの栽培を合衆国の西部へと広め、それがハムシの棲息地にまで達しなければ、今日この虫は希少種になっていたことだろう。実際のところ私は、最近の何人かの著者にしたがって、現代を「人間の時代」というよりもむしろ「虫の時代」と呼ぶのがよかろうと思っている。……虫たちは、望みのままに食べられる膨大な食料を得る手段を人間から与えられ、さもなければ決してありえなかったほどに繁殖した。……あらゆる収穫物は、ひとえに害虫を繁殖させるべく準備されたと言うことはできないとしても、しばしばそうなっていることも確かである。

人間の病気を媒介する虫にも、同様のことが言えるだろう。たとえば新興国の文明化は、マラリアの撲滅、沼地の排水と清浄化、湿っぽい「荒蕪地」の開墾などから始まる。しかし、その地方の人口が増加すると、病気がふたたび現れる。それは、人間が蚊の発育に適した新しい場所をつくるからであり、その場所が、かつての沼地よりもさらに適

していたりするからだ。水車用の堰や石切り場がつくられたり、鉄道用の盛り土で小さな水の流れがさえぎられたり……すると、それらはすべて素晴らしい蚊のねぐらになるのである。黄熱病の蚊が、時とともに、ほとんど馴致された動物のようになったことも忘れてはならない。この蚊はもはや自然のなかでは繁殖せず、人間が生活する諸条件にすっかり依存するようになってしまったらしい。

L・O・ハワード『昆虫の脅威』より

*L. O. Howard: *La Menace des insectes*, 1935, trad. fr., Flammarion, pp. 121-126.

動物にとって人間とは何か

60　食物としての人間

トラは、通常、人間を襲うようなことはない。そんなことをするのは、けがをしたり老いたりして体が衰弱し、生き残りをかけている時だけである。いつもの獲物をつかまえるには、スピードが出せねばならないし、牙や爪を研ぎすませていなければならない。傷ついていたり、それも数か所が傷ついていたり、牙が折れていたり、爪がすり切れていたりすれば、トラは人間で我慢することになる。人間の方が倒しやすいからだ。それに、このトラを不具にした傷は、獲物にとどめをさせなかった狩人の不用意な発砲によるものであったり、あるいは、ヤマアラシに襲いかかってその針にやられたものであったりして、トラが逆上していたりもするのである。……私は、自分自身が殺した人食いドラたちの肉から、そんな針をこれまでに二〇〇本ばかりも抜きとったが、そのうちの何本かは、長さ二二センチメートルを越え、鉛筆ぐらいの直径があった。

コーベット『人食い虎を追って』より

＊Corbett: *A l'affût des tigres mangeurs d'hommes*, 1949, tr. fr., éd. du Seuil, p. 11.
コーベット少佐は名高いハンターである。

61　動物心理学の原理

動物はそれぞれ、その種に特有な世界に生きている。環境は刺激の貯蔵庫のようなものであり、主体はここから自分に固有の世界を取り出してくるのである。それを作り上げる要素はさまざまだが、動物にとっては、生命的に重要なものや生物的に有利なものとなっている。われわれは、こうした動物をとらえることによって、それまでの世界をすっかり壊してしまい、彼らを違った環境のなかに置く。そこで動物は、まったく新しい主観的な世界をつくり上げねばならないのだが、それは大変な作業であって、いつも成功するとは限らない……。

自由な動物の行為は、つねに敵を避けることを目的としている。ところで、人間は動物の最大の敵である。動物は、他のどんな敵にもまして、人間の前からは、力の限りをつくして逃げださねばならない。……これに対し、囚われた動物の世界全体は、すっかり人間の痕跡を刻みこまれており、そこでは、自由の根本的な行動である逃走ということが、まったく意味を失っているほどである。したがって、動物にとっての主な課題は、状況の新たな全体のなかに人間を位置づけるということになる。すべてに変化のきざしが現れ、不足が過剰となり、最大のへだたりが最大の接触となってしまう。……囚われた動物の活動範囲は、必然的に、自然のテリトリーよりもはるかに狭くなる。とはいえ、この空間的制限というものの持つ重要性は、直接的な結果よりも間接的な結果の方に、顕著に現れる。直接的な結果は、自由な活動が最小限にとどめられることであるが、間接的な結果は、なすべき仕事がなくなること、主体的世界が貧困化すること、野生状態では抑圧されていたエネルギーが解放されること、食物を自由に選べなくなること、性欲過剰、反社会的行動……等々である。

動物園やサーカスは、動物心理学の研究室とは正反対の場所である。……研究室では人間と動物との関係はできる限り排除されるが、こうした実験方針とは逆に、動物園やサーカスでは、両者の関係は遺憾なく発揮されることになる。動物は、自分たちが信頼をよせる人間を守ったり、彼に庇護を求めたりするものだということを、すべての調教師はよく心得ていた。……人間のおこなう擬人化には、動物のおこなう擬動物化が対応している。つまり、時に動物は、人間を自分たちの種の一員とみなし、そうしてこの人間は、該当する動物集団の社会組織に入ることになるのである。好むと好まざるとにかかわらず、彼は、この種に特有のしきたりに応じて与えられた役割を、とどこおりなく演じなければならない。当然ながら、大型動物たちとの間でも、彼は支配的な位置をひき受け、それをつねに維持する必要がある。動物は、相手と自分との社会的優劣を見きわめてから、ようやく落ちつきを取り戻すものであるからだ。……人間にとって、動物の社会組織に受け入れられることは多くの特典をもつものだが、不都合もまた生じ、ついには、ありうべき性的パートナーとして遇されかねないことにもなってしまう。

ヘディガー『文明に囚われた動物たち』より

＊Hediger: *Wild animals in captivity*, 1950, tr. anglaise, Butterworths scientific publications, Londres, pp. 28–32, 163–168.〔『文明に囚われた動物たち』今泉吉晴・今泉みね子訳、思索社、一九八三年〕
ヘディガーはバーゼル動物園の園長をつとめている。

同じ著者の『ヨーロッパの野生動物たちの生活』（《*La Vie des animaux sauvages d'Europe*》, éd. Amiot-Dumont, 1952.）を参照のこと。

動物における社会と人間における社会

62　人間社会の差異

動物社会と人間社会との大きな違いはどこにあるのか。それは、動物社会においては個体が、もっぱら〈内部から〉本能によって統御されている（個体ごとにわずかな教育の余地もあるが、それすらが本能に依存している）が、他方の人間社会では、特別な性質を持った新たな現象が見うけられ、ある種の行動様式が、個人の〈外部から〉課されるか、少なくとも誘発されるかして、それが固有の性質に付け加わってくる、というところにある。つまりこれは、（語の広い意味における）「制度」というものの特徴であって、言語の存在がそれを可能にし、また、言語自体がその一例となっているのである。制度は、継承関係にある諸個人の内に具現し、こうした継承関係が制度の連続性をそこなうことはない。諸制度が存在するということが人間社会の明確な特徴であり、これこそが社会学に固有の対象となるのである。

ラランド編『哲学辞典』所収、エミール・デュルケームの執筆項目より

*Dürkheim : Dans : 《*Vocabulaire de la philosophie*》 de Lalande, 1902-1912, Alcan, t. II, p. 777.

63　動物社会についての諸問題

虫たちの社会は、長い間、共産主義的であるとされてきた。しかし、どうやらこの定義は、事実に合ってはいないようだ。共産主義というものには、労働者階級による食料の平等な分配、労働の分配、個人の否定といったものがなければなるまい。労働力の拡大という意図に向けて、全員が一種の拘束を甘受しなければならないことを理解する必要もあるだろう。

ところが、ここには、そうしたすべてが見られない。……少なくともアリについては、そう言える。私は、とあるアリ塚で見つけたいくつかの集団を、それぞれ別個に観察しながら研究することによって、そこにいるすべての労働者たちが作業に適しているわけではなく、労働への意欲を少しも示さないらしいということを首尾よく明らかにすることができた。実際には、たかだか二〇パーセントほどの労働者しか仕事につかないのである。全体がこれほどもの数でうごめいているのだから、従来、そうしたことが気づかれなかったとしても無理はあるまい。そのうえ、どうやらこれら二〇パーセントはエリート集団をなしており、それが、ほぼあらゆる作業とあらゆるイニシアティヴとをこなしているらしいのだ。なぜなら、彼らを選び出し、一つの集団にまとめると、彼らは〈活動的な〉アリの一〇〇パーセントの割合を実現しうるからである……。

　このような形で存在している社会は、独力で自己防御をするには弱すぎる個体をも生かしてくれるようになるし、どうにかこうにか自己防御しおおせている個体にも、より良い生活をさせてくれるようになる。そこには改良というものがあり、これが或る特定の時期に、いくつかの動物種のいっそう明確な意識に対して、はっきりと姿を現してきたものにちがいない。他の種はあえて改良を試みず、こうした保護を知らぬままであったりもするが、それでも、彼らが別の仕方で存続することになるならば、これもそれなりに問題はない。ビーバーなどは、ヨーロッパでは孤立した生活にもどる方が有利であるという結論にさえ達したのだった。ともあれ、動物にあっては二種類の生活の間で頻繁に移行がおこなわれるのであり、それを知れば、さほど驚くこともないだろう。シカ、ウシ、レイヨウ、シャモワ、イノシシなどの雄は、しばしば孤立した生活に戻るし、バッタは〈二世代目ごとに〉孤立した生活を送り、無数のカップルは必要を感じた時にだけ社会生活に入るのである。こうした移行は、例外であるどころか、しばしば自然のさまざまな掟の鍵となっている……。

〈階級〉の必要性ということについては、われわれは正確に語らねばならないが、つまるところ、多くの社会的な虫たちが有しているこの興味深い多形性の全体については、次のような問いが立てられることだろう。すなわち、それらは本当に〈自然〉によって、あるいは、彼ら固有の社会によって「望まれている」のであろうか。それとも、今日、ある人々が考えているように、このような個体のすべては、その特別な形態によって社会生活に有用となっているのではなく、むしろこの形態は、それがいかなるものであろうとも、社会生活によって保存され保護されているのであって、他ではほとんど存在していないものでありながら、社会生活によって守られてこそ当の形態として発達しているのだと考える理由はないのだろうか、と。目下のところでは、シロアリに見られるあの有名な恐ろしい顔をした〈兵隊アリ〉が、かつて戦いをしたことがあるのかどうか、確かなところは分かっていない。毒舌家たちの主張するところでは、危機に瀕するたびに、それに立ち向かったのは働きアリであり、決して兵隊アリではなかったとさえ言われているのである。

マルグリット・コンブ「動物社会の謎」より

＊Marguerite Combes: *Le mystère des sociétés animales*, dans《*Le mystère animal*》, 1939, Plon, pp. 225–229.

64　社会種と動物種

社会もまた、人間が活動をくり広げる環境に応じて、動物学に変種があるのと同様に、さまざまな人間をつくり出すのではなかろうか。兵士、労働者、役人、弁護士、有閑階級、学者、政治家、商人、船員、詩人、貧乏人、僧侶といった人々の間の差異は、オオカミ、ライオン、ロバ、カラス、サメ、アザラシ、ヒツジなどの差異よりは捉えにくいにしても、かなり顕著なものではある。したがって、動物学的な種が存在するのと同様、いつの時代にも社会的な種が存在してきたし、これからも存在してゆくことだろう。ビュフォンは、動物学の全体を一冊の書物に著そうとして、すばらしい作品を生み出したが、社会に対してもこの種の書物が著されるべきではなかったか。しかしながら、自然は動物の多様性に境界を設けていても、こうした境界は、社会では維持しえないものである。ビュフォンはライオンを描写するにあたり、雌ライオンには短い文でよしとしたが、社会においては勝手がちがう。女性は、相変わらず雄に付随した雌でいるわけではない。家庭内でも、まるで似て非なる二種類の生活様式があるように思われる。商人の妻は、時として、王妃にふさわしいこともあるが、王妃はあまり芸術家の妻には向いていない。社会的なあり方は、自然界にはありえないような偶然をはらんでいる。それは自然に社会が付加されたものであるからだ。したがって社会種の記述は、二種類の性を考慮するだけでも、少なくとも動物種の記述に比べて二倍になる。最後に、動物たちの間には、たいした波瀾も混乱もないということがあげられる。互いの間で襲いかかるぐらいが関の山である。人間もまた互いに襲いかかりはするが、知性の多少により、闘いも違って複雑になってくる。ある学者たちは、いまだに、生命の巨大な流れによって動物性が人間性のなかに移し変えられたということしか認めていないようだが、それでも、食料品屋がまさしく貴族院議員になってみたり、時には、貴族が社会の最下層にまで落ちぶれてみたりもするのである。そればかりではなくビュフォンも、動物たちの極度に単純な生活を見いだしていたではないか。動物にはほとんど調度はなく、芸術も科学もない。これに反して人間は、探究すべき法則によって、自分たちの要求に合わせたすべてのものの内に、みずからの習慣や思考や生活を表現したがるのである。

バルザック『人間喜劇』序文より

＊Balzac : *La Comédie humaine*, Avant-propos, 1842.〔『バルザック「人間喜劇」セレクション』鹿島茂他訳、藤原書店、一九九九年／他〕

65　人間社会と種

もしも人間が種という形で生活していたならば、彼はあらゆる動物と同じく、自分自身の内に、所属する種のすべての類似点を持っていなければならなかったことだろう。馬はそれぞれ、その個体が、馬種の持つあらゆる形態・気質・本能といったものを保持している。人間もまた個人の内に、人間種のすべての身体的類似点を持っているが、彼にはさらに、知性的なあらゆる事柄をも保持する必要があったに違いない。それは、つらい仕事であり、大変な義務でもあった。たった一つのこの事実によって、人間は、最もかしこい動物たちが手にした発達をはばまれた。だが彼は、社会・団体・集団といったものを構想し、この集団に、主要な類似点を保持する役割をゆだねたのである。以来、集団の成員を結びつける連帯感のおかげで、もはや成員が個々にあらゆる類似点を持つ必要はなくなった。各人は類似点のいくつかを保持し、それを他の人々に伝達し、しかるべき時にはそれを教えることにもなるだろう。簡略化さえ可能になる。仕事の配分により、専門家や官僚があらわれ、彼らは特別に、共通の伝統を保持したり教えたりする役割を担うようになってくる。そしてついには、文字や印刷術の大発明によって、記憶の負担が軽減されることになる。こうして個々人は解放され、自分たちの独創的な発明に自由に身をゆだねるようになるのであり、さらに、このような発明が模倣されるならば、それが類似性の宝庫を増大させてゆくのである。私と他者との外的な協調は、個性と人間性との内的な協調を複雑なものにするだろう。外部の動的な均衡は、内部の動的な均衡に対応することになる。柔軟性と融通性とを条件として、人間種は際限なく発展してゆくことだろう。こうした視点から、社会を定義することが可能になる。すなわち社会とは〈一つの種であり、自己にも、自己の類似性にも意識的であるとともに、その類似性というものを担い、そこから個々人を解放するような種〉なのである。

オーリウ『伝統社会科学』より

＊Hauriou : *La science sociale traditionnelle*, 1896, Sirey, p. 12.

66　社会と人間の本質

社会そのものが〈人間〉を〈人間〉として生産するのと〈同じ仕方で〉、社会もまた〈人間によって生産される〉。活動と精神[訳注]とは、その内容からみても存在様式からみても、〈社交性＝社会性〉であり、〈社会的活動〉であり、〈社会的精神〉である。自然の〈人間的な〉あり方というものは、〈社会的〉人間にとってしか存在しない。なぜなら、そこにおいて初めて、自然が人間にとり、〈人間〉との〈絆〉として、他人に対する存在として、彼に対する他人たちの存在として、存在するようになるからである。そしてまた、自然が人間の〈人間的な〉あり方の〈基盤〉として存在するようになるのも、人間の〈自然的な〉あり方が彼にとって〈人間的な〉あり方となるのも、自然が彼にとって人間となるのも、すべては社会的人間においてでしかないからである。したがって、〈社会〉とは、人間と自然との完成された統一的実体性であり、自然の真の復活であり、人間の自然主義と自然の人間主義との実現であるということになる……。

目の対象が、人間から発して人間へと向かいつつ〈人間的〉社会対象になる時には、その目もまた〈人間的な〉目になっている。それゆえ諸感覚も、実践のなかで直接に〈理論家〉となるのである。それらは事物のために、事物との関係を結ぶ。だが、事物そのものは、己に対する、そして人間に対する〈人間的・対象的〉関係であり、逆もまた同様である。したがって、欲求あるいは精神は〈利己的な〉性質を失い、自然もその単純な有用性を失ってしまった。有用性が人間的なものになってしまったからである。同様にして、他の人々の感覚や精神も〈私自身の〉所有物になっている。それゆえ、これらの直接的な諸器官をこえて、〈社会〉という形態のなかで〈社会的〉諸器官が作りあげられることになる。たとえば、他の人々と直接に共同して行われる社会活動も、生命の〈表明〉器官となり、〈人間的〉生命の獲得方法となっているのである。

マルクス『経済学・哲学草稿』より

＊Karl Marx : *Economie politique et philosophie*, Costes, *œuvres philosophiques*, t. IV, pp. 25-31, trad. française de M. Molitor.〔『経済学・哲学草稿』城塚登・田中吉六訳、岩波文庫、一九六四年／『経済学・哲学草稿』長谷川宏訳、光文社古典新訳文庫、二〇一〇年／他〕

訳注　MEGA版ではGeist(精神)、ディーツ版ではGenu β（享受）となっている。

【注】

1 Deleuze, *L'immanence : une vie …*, in *Philosophie*, no. 47. 1995.

2 Deleuze et Guattari, *Qu'est-ce que la philosophie?*, Minuit, 1991, p. 49.（邦訳七一頁）

3 ibid. p. 39.（邦訳五四—五五頁）

4 Derrida, *Il me faudra errer tout seul*, in *Libération*, le 7 nov. 1995.

5 *L'immanence : une vie …*, p. 6.

6 Deleuze, *Différence et répétition*, P. U. F., 1968, p. 269.（邦訳三一五頁）

7 cf. Eric Alliez, *Philosophie virtuelle*, Synthélabo, 1996.
一九九〇年一〇月一〇日から一三日までソルボンヌで開かれた討論会「古代〔人〕を我有化するための現代の戦略（Les Stratégies contemporaines d' appropriation de l' Antiquaté）でなされたアリエーズの発表をも参照されたい（Barbara Cassin, *Nos Grecs et leurs modernes*, éd. du Seuil, 1992. に収録されており、これについては、岩波講座　現代思想、第五巻『構造論革命』所収のヴォルフとデリダとの講演〔拙訳〕でも言及されている）。

8 Alain Badiou, *Deleuze*, Hachette, 1997.

9 *Différence et répétition*. pp. 272-273.（邦訳三一八—三一九頁）

10 ibid. p. 269-270.（邦訳三一五頁）

11 Deleuze, *La conception de la différence chez Bergson*, in *Les Etudes bergsoniennes*, vol. 4, Albin Michel, 1956., Deleuze, *Bergson*, in *Les Philosophes célères*, Mazenod, 1956.

12 *Bergson*, p. 299.

13 *La conception de la différence chez Bergson*, p. 99.（邦訳八〇—八一頁）

14 Cresson et Deleuze, *Hume, sa vie, son œuvre*, P. U. F., 1952., Deleuze, *Empirisme et subjectivité*, P. U. F., 1953.

15 *Empirisme et subjectivité*, pp. 109, 136.（邦訳一七七頁、二一九頁）
16 ibid. p. 127.（邦訳二〇六頁）
17 ibid. p. 32.（邦訳六〇頁）
18 ibid. p. 135.（邦訳二一八頁）
19 ibid. p. 93.（邦訳一五二頁）
20 ibid. p. 101（邦訳一六四頁）
21 研究者のために付言しておくならば、この雑誌は現在のところ、パリの国立図書館の旧逐次刊行物群のファクシミリ・コーナー（Pér. 8-Z-29749）以外では参照不可能と思われる。
22 Michel Tournier, *Le Vent Paraclet*, Gallimard, 1977,（邦訳『聖霊の風』国文社、一九八六年）
23 Didier Eribon, Le《*Je me souviens de Gilles Deleuze*》, in *Le Nouvel Observateur*, 16-22 nov. 1995. p. 114.（邦訳『批評空間』一九九六年九月号）
24 Maurice Merleau-Ponty, *L'imagination*, in *Journal de Psychologie Normale et Pathologique*, 33: 9-10, nov.-déc. 1936.（邦訳『知覚の本性』法政大学出版局、一九八八年）
25 Deleuze, *Le bergsonisme*, P. U. F., 1966, p. 86.（邦訳一〇〇頁）
26 Merleau-Ponty, *Phénoménologie de la perception*, Gallimard, 1945, p. V.
27 Deleuze et Guattari, *L'Anti-Œdipe*, Minuit, 1972, p. 322.（邦訳三二四頁）
28 Deleuze et Guattari, *Mille plateaux*, Minuit, 1980, ch. 5, p. 140 et suiv.（邦訳一四〇頁以下）
29 Deleuze et Parnet, *Dialogues*, Flammarion, 1977, p. 71.（邦訳九一頁）
30 〔ドゥルーズ原注〕ヴィシー政府とド・ゴール政府との間には、容易に見分けられる対立があるだろう。ヴィシー政府は、改悛と内的革命をひきあいに出していた。内的革命とは、個々のフランス人がそれぞれに行うべきものとされ、そこではまるで、内的生活と革命とが両立可能なものであるかのようにみなされていたのである。お題目は、悔い改めることから始めよ、というものだった。そして彼らは、一種の改悛の儀式のようなものを確立していた。これに対し、ド・ゴール政府はわれわれに、指導者として、フランスが偉大でありうるような外部世界を示してみせた。この偉大さを保証する手段については、ともかくもである。ある種の人々は、これを口先だけの言葉とみなすだろう。実際、口先だけの言葉であったが、きわめて辛辣なものでもあった。いわく、いかにも矛盾しているようだが、現在の〔ヴィシー〕政府は革命的ではない。というのも彼らは、革命のそれらしき形式的な特徴を掲げてはいるが、それでも、やはり反動的な政府であることに変わりはないからだ。こんなことは、どこにでもころがっていることだろう（一九四五年十二月）。

31 〔訳注〕サルトル「フッサールの現象学の根本理念」（『シチュアシオン』第一巻所収）*Une idée fondamentale de la phénoménologie de Husserl : l'intentionnalité*, dans *Situations* I, Gallimard, 1947. より。

32 〔訳注〕マタイ福音書一〇章三四節、三八―三九節。

33 〔ドゥルーズ原注〕ブルジョワ的な〈秩序〉〈持つこと〉〈知ること〉などについては、『フランス文学要覧』（*le tableau de la littérature française*, N. R. F.）所収のグレトゥイゼン氏の重要な項目「百科全書」を参照のこと。

34 〔ドゥルーズ原注〕ドレフュス事件が考えられていた。

35 〔ドゥルーズ原注〕ド・ルージュモン氏の『失業中の一知識人の日記』（de Rougement : *Journal d'un intellectuel en chômage*）

36 Didier Eribon, op. cit.

37 *Empirisme et subjectivité*, p. 37.（邦訳六六頁）

38 Badiou, op. cit.

39 cf. Malinowski, *A scientific theory of culture*, University of North Carolina Press, 1944.

40 *L'Anti-Œdipe*, p. 61.（邦訳六九頁）

41 Ernest Jones, *Mother Right and the Sexual Ignorance of Savages*, in *International Journal of Psycho-Analysis*,

vol. VI. part 2, 1925, p. 122.
42 ibid. p. 128.
43 Bachelard, *La Psychanalyse du feu*, Gallimard, 1938, chap. 1.
44 *L'Anti-Œdipe*, p. 207.（邦訳二一四頁）
45 ibid. pp. 30-31.（邦訳三八頁）
46 ibid. p. 36.（邦訳四四頁）
47 cf. ibid. p. 216.（邦訳二二三頁）
48 ibid. p. 337.（邦訳三三八頁）
49 cf. ibid. p. 339.（邦訳三四〇頁）
50 ibid. p. 47.（邦訳五四頁）
51 *Mille plateaux*. p. 408.（邦訳三八一頁）
52 Deleuze, *Pourparlers*, Minuit, 1990, p. 14.（邦訳一四頁）
53 *Empirisme et subjectivité*, p. 38.（邦訳六八―六九頁）, Deleuze, *Hume*, in *Histoire de la philosophie*, dir. François Châtelet, Hachette, 1972.

なお、この注には、以下に挙げる邦訳書のページ数を併記しておいたが、文中での引用は文脈の関係などでそのまま使用していないことが多い。特記するとともに、訳者諸兄には心より感謝の意を表したい。


『ヒュームあるいは人間的自然―経験論と主体性』木田元・財津理訳、朝日出版社、一九八〇年。

『差異について』平井啓之訳、青土社、一九八九年。

『ベルクソンの哲学』宇波彰訳、法政大学出版局、一九七四年。

『差異と反復』財津理訳、河出書房新社、一九九二年。

『アンチ・オイディプス』市倉宏祐訳、河出書房新社、一九八六年。

『ドゥルーズの思想』田村毅訳、大修館書店、一九八〇年。

『千のプラトー』宇野邦一・小沢秋広・田中敏彦・豊崎光一・宮林寛・守中高明訳、河出書房新社、一九九四年。

『記号と事件』宮林寛訳、河出書房新社、一九九二年。

『哲学とは何か』財津理訳、河出書房新社、一九九七年。

訳注者あとがき――ドゥルーズとの再会

本書はジル・ドゥルーズの、*Du christ à la bourgeoisie*, in *Espace*, 1946. ならびに*Instincts et institutions*, Hachette, 1953. の全訳に、「ドゥルーズの出発点」「〈キリストからブルジョワジーへ〉のコンテクスト」「『本能と制度』のコンテクスト」という拙論を加えて一冊にしたものである。

「キリストからブルジョワジーへ」は、ドゥルーズ二十一歳の時の作品であり、現在われわれが入手しうる限り最も古いものである。『本能と制度』は、彼が高校教師をつとめていた頃に、教科書版として編んだアンソロジーであり、短い序文が添えられている。双方ともに、フランスにおいてもほとんど入手は不可能であろう。

この書の成立には不思議な偶然が重なっている。

私は一九九五年の春から二年間、中央大学に在外研究期間を願い出てパリに住んでいたが、この最初の年の十一月四日に、ドゥルーズの自宅アパルトマンの窓からの投身自殺が報じられた。とは言っても、実はこの時、私には或る仕事が課せられていてロワール河沿いの一軒家で缶詰になっており、外界からは遮断されていた。ふとした折りに友人が「誰か有名な哲学者がとびおり自殺をしたそうだ。何という名前だったか……」と伝えてくれたが、私はこの時、とっさにドゥルーズのことを考えたのだった。

　私もかつて学生時代に、この哲学者の授業には何度か足を運んだことがある。たしかに刺激的な講義ではあった。テレビのアルテ局が放映していた「ドゥルーズのＡＢＣ」のタイトルバックに映し出されるような、まさにあの雰囲気のなかで、「存在様式《マニエール・デートル》」という発声とともに右の人差し指をくるりと回転させながら立てる彼の所作までが、今もありありと浮かびあがってくるほどだ。しかし、まもなく日本に帰った私のもとには、その後彼が、急速に呼吸器疾患を悪化させていったという風聞しか届いてはこなかった。当時、指導教授であったリオタールのクラスに出て、ついでにドゥルーズの講義をのぞいてくるといった程度の学生に、それ以上の情報がもたらされるはずはあるまい。

　やがて九三年の冬だったかに、マレ地区のピカソ美術館をうろついている最中、私は、かの映画『悪魔が夜来る』の名優アラン・キュニーにばったり出会った。若い世代には『エマニエル夫人』で彼女を性の世界にいざなう老人役とでもいえば分かっていただけるだろうか。彼もまた、かつてのドゥルーズの授業の聴講者であったのだ。当然、かの哲学者の健康はどうだという話になる。彼は表情を曇らせて「心配だ」とのみ答え、大きくため息をついた。「ともあれ、ようやく僕の演じた『マリアへのお告げ』が完成したところだ。あのクローデルをまさしく日本の地で見てみてくれ」と、彼は言葉を継ぐ。その翌年、キュニーは死んだ。

とりとめのない断片ではあるが、私の内では、なにかこうした出来事のはざまに、直観的にこの哲学者の死が感じられたとでも言えばいいのだろうか。パリに戻った翌日、私はドゥルーズの死を確認した。彼のアパルトマンのあったニール通りに足を向け、通行人やチョコレート屋のおかみなど五、六人に声をかけて尋ねてみたが、誰一人として哲学者の自殺を知らなかったし、ほとんどドゥルーズの名さえ知りはしなかった。おまけに、哲学者たるものが自殺するとは何事かと議論をふっかけてくる者までがいる。いかにもそこはパリであった。

そんな雰囲気をつづって、いつものように『週刊読書人』宛に郵送すると、しばらくしてファックスが届いた。ドゥルーズの死の波紋を特集したいというものであった。パリは折からの大規模な交通ストで流通機構までがマヒし、資料の集めようもない。そのうえ、おそらく日本では、すでにこちらの雑誌記事の翻訳など早々に準備されているに違いない。今から資料集めをして全てに目を通し、記事にして送るのでは間に合わないのではないか。私はドゥルーズ研究家の畏友、財津理氏に電話を入れた。「そう、年明けからは、たて続けに特集記事が出そうな状況だね。」

つまりは、年内に出す必要がある。私はポンピドゥ・センターの広報資料課にタクシーをとばし、ここの協力を仰ぐことにした。資料室では、全く同じ資料を求めに来ていたサルトル研究家の生方敦子氏と鉢合わせし、互いにフランス語で話しかけるなどのトンチンカンを演じたり、館員から日本人のドゥルーズ狂いに驚かれたりもしたが、ともあれ、何とか年内の約束は達成することができた。

こんな事情が重なってドゥルーズへの傾斜ができていたところに、やがてまた偶然の成り行きによって私には、この哲学者の墓に詣でる機会までが訪れることになってしまったのである。フランス南部、焼物で有名なリモージュ市から北西に二〇余キロのところに、オラドゥール＝シュル＝グラヌという村の廃墟が残っている。第二次大戦も終わりに近いころ、ヒトラー親衛隊によってほとんどの村民が虐殺された場所である。ふとしたことがきっかけで、私は、友人の日仏文化コーディネーター、カズ富樫氏とともに、この虐殺現場からの二人の生存者に面会する機会に恵まれた。この取材の内容は、やや詳しく雑誌『現代思想』（一九九六年七月号）に書いておいたので、それを見ていただければ幸いだが、ドゥルーズの墓参りは、このリモージュまでの五時間のドライヴ中に、偶然、思いついたことだった。ルートマップをあちこち眺めていた私の目に、哲学者の葬儀がとり行われたはずのサン・レオナール・ド・ノブラという地名がとびこんできたのである。

結局、町の観光局、知り合いの肉屋、園芸師らを次々とわずらわせながら、私たちは、とうとうドゥルーズの墓と別荘とにたどり着くことができた。羊の親子があちこちで草を食む姿の眺められる墓地。遠く地平線までも続く野辺に開かれたマ・レヴリーと呼ばれる瀟洒な邸宅。ルピナス、ダッチアイリス、チューリップ、白藤などが咲き乱れる庭のベンチに腰をおろしていると、ふと、あのパリ第八大学の殺伐とした教室で、いささか粗野な雰囲気をただよわせながら弁舌をふるっていた在りし日の哲学者の姿が、いかにも不似合いな感じで、それでいて、なんだか非常によく理解できそうな感じで甦ってきてしまう。

かつてドゥルーズが、自分自身の病気や疲労や老いについて縦横に語った折、それに応じて親しい弟子のクレール・パルネが、「そんな風に、病気で疲れて年老いているあんたが、云々」と言うと、彼は破顔一笑、きわめて乱暴に笑いとばそうとしながら、その実、含羞ともいうべき不思議な表情を示してしまったことを思い出す。ひどく乱暴でひどく優しい哲学者。それを解く鍵はひょっとしたら、このマ・レヴリーの館にあるのかもしれない。そんなことを考えながら、私はそのベンチの上で、ドゥルーズの思想のみにとどまらぬ生身の彼への興味をおぼえるようになっていた。

ドゥルージアンでもない私は、とりたてて彼の書誌に目を通すこともなかったが、ある日、ジョゼフ・ジベールの本屋でカンギレムの『欲求と傾向性』を見つけ、さらに裏表紙のシリーズ目録でドゥルーズの『本能と制度』を発見することになった。へえ、ドゥルーズもこんな教科書を作っていたことがあったのか、現物を一度見てみたいものだというところから、私はソルボンヌの図書館に直行した。著者の肩書にはオルレアン高校教諭とある。刊行は一九五三年。『ヒュームあるいは人間的自然』と同年である。突然、このアンソロジーからは当時の彼の読書傾向がうかがえるのではないか、という考えが私の脳裏をかすめた。さらにそれでは、これ以前のこの哲学者の著作はないものか、との興味はいやましにつのり、とうとう国立図書館での本業、メルロ＝ポンティの草稿調査を中断して「キリストからブルジョワジーへ」を探し出すはめになってしまったのである。

以上がこの書の成立事情のおおよそである。こんな酔狂な次第で出来上がった若きドゥルーズに関するこの一書は、それでもなお、かえってこの哲学者に素朴な興味で近づきうるような契機となるかもしれず、はたまた、思いもかけぬ彼の側面を示していないとも限るまい。とりわけ『本能と制度』のアンソロジー集は、読者のドゥルーズとのつきあいの多少に応じて異なった姿を見せるに違いない。

つまり、この書の意味は、ひとえに読者諸兄姉の読みの力にかかっているのだ、と、そう宣言しておいて、訳者はそっと逃げ出すことにしよう。

昨年の帰国後、日を経ずして出版しようという約束でありながら、ほとんど一年近くも脱稿の時を遅らせてしまった訳者を、相変わらずの時差ボケであろうと判断して見守り続けて下さった夏目書房の夏目純氏には御礼の言葉もない。

最後になってしまったが、こうしたドゥルーズとの再会に一役かって下さったカズ富樫氏、今回の滞仏中にもさまざまな援助をたまわったジャン＝フランソワ・リオタール、ヤコブ・ロゴザンスキーの両氏、二年の長きにわたって在外研究を許可された中央大学ならびに同僚諸氏には、心より御礼申し上げたい。

一九九八年四月

加賀野井秀一

文庫版へのあとがき

本訳書は、二〇〇七年に夏目書房が倒産して以来、入手しえなくなり、最初期のドゥルーズに興味を持たれる読者諸氏には多大なるご迷惑をおかけしてきた。このたび河出書房新社のご厚意で、文庫本として再び世に送り出していただけるようになったのは、嬉しい限りである。

かつて、ドゥルーズの処女論文とも言うべき「キリストからブルジョワジーへ」と、彼自身が編纂した哲学の教科書『本能と制度』とを一冊にまとめて出版した不思議ないきさつについては、「あとがき」に詳しく書いておいたが、今からふりかえってみると、実に、本書の企画は世界初の試みだったことになる（その後、類書がフランスでも刊行されている）。ドゥルーズが健在であれば、今更あんな若書きのもの出版されたくないよと、あの独自の笑顔とともに叱られそうだが、お許しあれ。

文庫化に際して、若干の字句の修正などを施したが、それについては、河出書房新社のスタッフの皆さん、とりわけ朝田明子さんに御礼申し上げたい。有益なさまざまなご提案に感謝している。また、当初お世話になった夏目純さんにも御礼申し上げたいのだが、連絡がとれない。夏目さん、お元気でいるだろうか。

二〇一〇年八月二五日

加賀野井秀一

本書は一九九八年に夏目書房より刊行された『ドゥルーズ初期』を改題の上、文庫化したものです。

Gilles DELEUZE:
"Du christ à la bourgeoisie", 1946
"Instincts et institutions", 1953

哲学《てつがく》の教科書《きょうかしょ》
ドゥルーズ初期《しょき》

二〇一〇年一二月二〇日　初版発行
二〇二五年　二月一〇日　新装版初版印刷
二〇二五年　二月二〇日　新装版初版発行

編著者　G・ドゥルーズ
訳注者　加賀野井秀一《かがのいしゅういち》
発行者　小野寺優
発行所　株式会社河出書房新社
〒一六二－八五四四
東京都新宿区東五軒町二－一三
電話〇三－三四〇四－八六一一（編集）
〇三－三四〇四－一二〇一（営業）
https://www.kawade.co.jp/

ロゴ・表紙デザイン　粟津潔
本文フォーマット　佐々木暁
本文組版　株式会社創都
印刷・製本　TOPPANクロレ株式会社

Printed in Japan　ISBN978-4-309-46810-5

記号と事件　1972−1990年の対話

ジル・ドゥルーズ　宮林寛〔訳〕　46288-2

『アンチ・オイディプス』『千のプラトー』『シネマ』などにふれつつ、哲学の核心、政治などについて自在に語ったドゥルーズの生涯唯一のインタヴュー集成。ドゥルーズ自身によるドゥルーズ入門。

批評と臨床

ジル・ドゥルーズ　守中高明／谷昌親〔訳〕　46333-9

文学とは錯乱／健康の企てであり、その役割は来たるべき民衆＝人民を創造することなのだ。「神の裁き」から生を解き放つため極限の思考。ドゥルーズの思考の到達点を示す生前最後の著書にして不滅の名著。

哲学とは何か

G・ドゥルーズ／F・ガタリ　財津理〔訳〕　46375-9

ドゥルーズ＝ガタリ最後の共著。内在平面—概念的人物—哲学地理によって哲学を総括し、哲学—科学—芸術の連関を明らかにする。限りなき生成／創造へと思考を開く絶後の名著。

千のプラトー　上・中・下　資本主義と分裂症

G・ドゥルーズ／F・ガタリ　宇野邦一／小沢秋広／田中敏彦／豊崎光一／宮林寛／守中高明〔訳〕　46342-1　46343-8　46345-2

ドゥルーズ／ガタリの最大の挑戦にして、いまだ読み解かれることのない二十世紀最大の思想書、ついに文庫化。リゾーム、抽象機械、アレンジメントなど新たな概念によって宇宙と大地をつらぬきつつ生を解き放つ。

アンチ・オイディプス　上・下　資本主義と分裂症

G・ドゥルーズ／F・ガタリ　宇野邦一〔訳〕　46280-6　46281-3

最初の訳から二十年目にして"新訳"で贈るドゥルーズ＝ガタリの歴史的名著。「器官なき身体」から、国家と資本主義をラディカルに批判しつつ、分裂分析へ向かう本書は、いまこそ読みなおされなければならない。

差異と反復　上・下

ジル・ドゥルーズ　財津理〔訳〕　46296-7　46297-4

自ら「はじめて哲学することを試みた」著と語るドゥルーズの最も重要な主著、全人文書ファン待望の文庫化。一義性の哲学によってプラトン以来の哲学を根底から覆し、永遠回帰へと開かれた不滅の名著。